“双新”背景下高职院校大学生理想信念教育研究

武雪周◎著

湘潭大学出版社

前　　言

党的十八大以来，党和国家事业取得历史性成就。党的十九大做出重大政治性判断，中国特色社会主义进入新时代，中国发展站在了新的历史方位上，明确了新的前行方向，确立了把我国建设成为富强民主文明和谐美丽的社会主义现代强国、实现中华民族伟大复兴中国梦的宏伟目标。青年大学生是国家的希望和未来，是社会主义事业的建设者和接班人，也是中国共产党开展理想信念教育的重要群体。青年理想远大、信念坚定，是一个国家、一个民族无坚不摧的前进动力。国家高度重视、持续加强理想信念教育。习近平总书记在纪念五四运动100周年大会上对新时代青年提出六点新要求，首要一条就是希望新时代中国青年树立远大理想，把自己的小我融入祖国的大我、人民的大我之中，与时代同步伐、与人民共命运，更好实现人生价值、升华人生境界。

当前，“00后”已步入大学，成为大学生的新主体。“00后”高职院校大学生思想活跃，视野开阔，但相对缺乏扎实的马克思主义理论教育；信息量大、渠道多元，但知识较为匮乏，缺乏一定甄别能力；敢于创新但抗压力较差，维权意识强但较为突出以自我为中心；自尊心强，有进取心，但比较容易焦虑、自卑；等等。理想信念是一个人的精神支柱与动力源泉。正确的理想信念能够使“00后”高职院校大学生进一步认识、理解共产主义远大理想和中国特色社会主义共同理想，提升大学生对于中国特色社会主义事业的信心，使学生积极投身于社会主义现代化建设伟大实践，成长为社会主义的合格建设者与接班人。必须深入研究“00后”高职院校大学生的群体特点，不断创新理想信念教育的理念、思路、方法和内容，教育引导高职院校大学生更好地坚定理想信念、肩负时代重任。

理想信念教育是高校思想政治教育的核心和灵魂。长期以来，北京财贸职业学院与浙江金融职业学院、广州番禺职业学院建立了常态化的合作机制，持续开展“三地四色”党建与思政教育工程。三所学校均为中国特色高水平高职学校，提升高职院校大学生理想信念教育都是“双高校”建设的重要内容。在实践中，三所学校在高职院校大学生理想信念教育方面均积累了好的经验和做法。本书旨在对这些好的经验、做法进行研究和总结，形成高质量、针对性强的研究成果，提炼规律性认识和科学思路、方法，提升高职院校大学生思想政治教育的针对性和实效性，更好指导高职院校大学生理想信念教育。通过扎实、有效的教育，切实增强高职院校大学生的内生动力，有效提升高职院校大学生的思想道德素质，引导他们树立科学的世界观、人生观、价值观，做出合理的人生规划并朝着正确方向前进，努力学习做人、做事，在实现自身价值的同时为社会和国家做出最大的贡献，促进他们健康成长和全面发展，培养有理想有道德有文化有纪律的社会主义新人。

本书的研究团队是一群热爱高职教育事业，充满研究激情和工作热情的年轻人。团队中的每一个人都有比较扎实的党建与思想政治教育理论功底，多次主持、参与党建与思想政治教育课题，发表过多篇党建与思想政治教育类理论文章，有着丰富的工作实践经验。张莉负责第二章内容，李宏芳负责第三章内容，胡鑫雨负责第四章内容，武少侠为第五章内容提供鲜活案例。本人作为负责人，从事高职党建与思想政治教育工作已有十五年之久，一直致力于党建与思想政治教育的管理、教学及研究工作，深爱教育事业，深爱自己的工作，深怀对学生的感情，持续研究关注大学生理想信念教育，不断思考理想信念教育的科学性、规律性，思考如何使高职院校大学生坚定树立对马克思主义的信仰、对中国特色社会主义的信念、对中华民族伟大复兴中国梦的信心，形成了一定的理论成果和独立见解。在工作中，与浙江金融职业学院、广州番禺职业技术学院高职党建与思想政治工作者长期合作，多次共同研究高职院校大学生党建与思想政治工作。

本人曾主持党建类省部级课题1项，以第三完成人参与党建与思想政教育类省部级课题2项，参与此类国家级课题2项，获得全国高职高专党委书记论坛论文一等奖，北京市“丹柯杯”党建优秀研究成果三等奖，北京高职院校德育工作论坛优秀论文二等奖。先后在《科学社会主义》《中国党政干部论坛》《思想政治工作研究》《北京教育（德育）》《中国职业技术教育》《高等职业教育》等刊物公开发表党建与思想政治教育类文章19篇，文章下载量为3826次，被引用89次。担任副主编，参编党建与思想政治教育类图书3本，由清华大学、电子工业出版社出版，撰写字数31万有余。归纳了习近平总书记关于高校教育的重要论述，高职院校大学生党建与思想政治教育方式方法，对新时代“00后”高职院校大学生党员理想信念教育研究有借鉴价值。本人于2010—2013年主持北京市教委人才强教深化计划项目“高职院校团组织在就业中的作用研究”，2016年参与教育部高校示范马克思主义学院和优秀教学科研团队建设项目重点选题“高职高专思想政治理论课教学方法研究”，参与国家教育科学规划课题“高等职业院校大学生创新创业教育体系的内容与评价研究”，2016年参与北京市人文社会计划课题“高职德育协同创新的研究与探索”，2017 年参与北京市人文社会计划课题“建构高职院校实习期大学生思想政治教育模式的研究”。

青年是国家和民族的希望。青年兴则国家兴，青年强则国家强。开展好大学生理想信念教育，增强培根铸魂的针对性和实效性，是立足坚持和发展中国特色社会主义、实现中华民族伟大复兴战略大局，必须回答好的时代问卷。本人将始终心系“国之大者”，不断关注、研究大学生理想信念教育，教育引导当代大学生深刻理解中国共产党为什么“能”、马克思主义为什么“行”、中国特色社会主义为什么“好”，增强做中国人的志气、骨气、底气，坚定理想信念，勇于砥砺奋斗，不负时代，不负韶华。这是一名新时代教育工作者的光荣职责和神圣使命，我将为此不懈努力、永远奋斗！

武雪周

2021 年 12 月

目　录

绪　论

党的十九大报告宣布中国特色社会主义进入新时代，我国社会主要矛盾已经转化为人民日益增长的美好生活需要和不平衡不充分的发展之间的矛盾。党的十九大以提出“中国特色社会主义进入新时代”而成为党史、国史和科学社会主义发展史上一次具有里程碑意义的重要会议。一个时代有一个时代的思想，习近平新时代中国特色社会主义思想是中国特色社会主义进入新时代伟大实践的思想结晶。

一、“双新”的内涵界定

中国特色社会主义新时代观主要指：首先，我国社会主要矛盾发生了变化，但我国仍处于社会主义初级阶段这个基本国情没有变化。其次，我国社会发展进入“强起来”的新阶段，21 世纪科学社会主义在我国焕发出强大生机活力。最后，我国与世界的关系发生了新变化，成为推动世界和平发展的参与者、建设者和引领者。中国为发展中国家走向现代化提供了全新选择，为解决人类问题贡献了中国智慧和中国方案。①

① 杨守明，杨鸿柳：《论习近平新时代观的内涵、依据和价值》，《中国特色社会主义研究》2018 年第 6 期。

唯物史观认为，生产力的发展是社会变革和社会进步的基础，人的发展是社会变革和社会进步的目的；生产力的发展归根到底必须通过人的努力、为了人的发展。中国特色社会主义进入新时代，需要新的社会主义合格建设者和可靠接班人。当前“00后”进入大学，已逐步成为新时代大学生的主力军、大学的“新主体”、国家的“新主人”。面对刚刚步入大学的“00后”，要认真了解他们的群体特点做好理想信念教育。首先，“00后”大学生成长在国家经济腾飞的时代，享受着国家的经济红利，物质基础厚实，追求更加个性。其次，“00后”大学生生活在“6+1”家庭模式中，以自我为中心倾向明显，处处强调主体意识。最后，“00后”大学生见证了互联网迅速发展，思维高度活跃，勇于进取，愿意接受新事物，面对网络中纷繁复杂的西方文化、多元价值观等，是非观念模糊。

本书以中国特色社会主义新时代作为高职院校大学生理想信念教育的社会背景，以“00后”为主力军的大学生作为理想信念教育的新主体，在这个“双新”背景下，如何做好具有鲜明特点的高职院校大学生理想信念教育是此次研究的重大意义。

二、新时代高校学生教育的新特点

高校学生工作是党的工作的重要组成部分。在中国特色社会主义新时代，保持和增强高校学生工作的政治性、先进性、群众性，建设充满活力、坚强有力的高校学生工作队伍，是推进中国特色社会主义发展道路、更好服务党和国家发展大局的必然要求。

（一）新时代高校学生工作新特点

首先，历史方位。高校学生工作要着眼党和国家工作大局，在大局下思考，在大局下行动。高校学生工作承担着为党做好青年工作的光荣使命，尤其是高校共青团作为党领导的先进青年群众组织，党和国家事业蓬勃发展，社会主要矛盾深刻转变，共青团工作的环境、对象和条件也在发生深刻变化，要实现新作为，就要对照党的十九大和十九届二中、三中、四中、五中全会精神，对照确立的新战略新部署，结合时代要求、青年特点和自身优势，与时俱进，创造性地开展工作，有效提升工作的针对性和时代感，才能引领广大青年紧跟党走在时代前列。

其次，时代机遇。“一代青年有一代青年的历史际遇。我们的国家正在走向繁荣富强，我们的民族正在走向伟大复兴，我们的人民正在走向更加幸福美好的生活。当代中国青年要有所作为，就必须投身人民的伟大奋斗。”[①] 当代青年学生是“强国一代”，新时代党的历史使命的实现过程，恰好是当代青年奋斗的过程。未来30多年，是国家和个体的两个生命周期同频共振的时代。从国家发展的生命周期来看，中国从站起来、富起来，正在进入强起来的黄金时代；从人的生命周期来看，青年的人生黄金时期与“两个一百年”奋斗目标的实现高度吻合，是这一历史进程的见证者，更是参与者和创造者。共青团工作的重大使命就是把广大青年的责任感和使命感、奋斗精神和蕴藏的创新潜能激发出来，团结引领广大青年在新时代中国特色社会主义伟大事业中建功立业。

最后，有为青年。大学生群体是广大青年群体中的优秀代表，是国家的未来和民族的希望。长期以来，高校学生工作者认真履行使命责任，积极主动融入高等教育事业发展，为大学生成长成才、高等教育发展和高校工作大局做出了积极贡献。特别是高校共青团，全国共有50多万个基层团组织、约2000万团员，团的组织建好了、优势发挥好了，就能直接覆盖近三分之二的大学生群体。因此，高校共青团工作是共青团工作的重中之重，在全团中处于基础性、战略性、源头性地位。新的历史时期，高校共青团要积极适应共青团深化改革的新形势、高等教育综合改革的新发展、当代青年学生的新特点，以创新的理念、思路和举措推进工作，着力解决脱离青年学生、思想引领针对性实效性不强、服务能力不足、组织吸引力

---

① 习近平：《关于青少年和共青团工作论述摘编》，北京：中央文献出版社2017年版，第17页。

凝聚力不够、基层组织功能弱化等现实问题，助力青年学子成长成才，为党和国家事业培养一大批有理想、有本领、有担当、有品德的新时代有为青年。

（二）新时代高校大学生新特点

第一，与小康社会共成长的一代。社会环境对人的成长有着极为重要的影响。2002 年党的十六大提出全面建设小康社会的奋斗目标，新时代青年与小康社会共成长，社会主义经济快速发展，国家发展红利惠及于民，生活条件不断提升，物质资料充裕富足。部分家庭条件好的学生没有经历过苦日子，不懂得勤俭节约，一味追求高消费，攀比现象严重，容易受到诱惑，产生拜金和功利思想。

第二，在“幸福”家庭里成长的一代。新时代青年出生于社会主义市场经济全面发展时期，家庭经济富裕，生活富足，父母文化水平相对较高，乐于站在平等的角度教育与培养子女。同时，绝大多数成长于“6 + 1”的家庭模式，6 个家长围着 1 个孩子转，因此，新时代青年个性突出，以自我为中心。特别是“‘00 后’大学生的人际边界感比‘95 后’甚至‘90 后’更明显，表面上更能全面周到地处理问题，但乐群性降低，更愿意独处，更能坚持自己的立场，更加强调维护自己的权益。”①

第三，伴随新媒体成长的一代。二十一世纪以来，新媒体形态迅速发展，新时代青年就是在网络技术日新月异的时代成长起来的“网络原住民”。他们乐于通过新媒体获取外来信息，热衷于通过 QQ、BBS、微博、微信、校园网等方式进行信息交流，通过博客、日志进行情感的传达和宣泄，使用抖音、快手、美拍等方式“晒”个人生活。然而新媒体充斥着与主流文化相悖的灰色信息，使得青年们容易混淆是非，难辨真假，这也成了理想信念教育的痛点。

---

① 马川：《“00 后”大学生心理健康水平的实证研究——基于近两万名 2018 级大一学生的数据分析》，《思想理论教育》2019 年第 3 期。

三、新时代高职教育的新特点

高职教育是一个系统工程，与经济结构调整、产业升级、科技创新、人才培养息息相关，高水平的职业教育是多领域高水平的综合工程，表现为一流的办学质量、高水平的师资队伍、高质量的人才、产教的深度融合、校企的良性互动和高水平的创新能力等方面。我国职业教育经过70多年的发展，已经积累了丰富的历史经验。党的十八大以来，党中央高度关注我国技能型人才的培养，而高职教育的主要任务就是培养高端技术技能人才，高职教育也是培养高素质技能人才的主要渠道。而新时代高职教育就是要实现职业教育的高水平发展，为中华民族复兴和建设社会主义现代化强国培养高质量、复合型和创新型技术技能人才。随着我国经济由高速发展转变为高质量发展，科学技术和知识经济突飞猛进，高职教育日益呈现出新的特点。

（一）高职教育的地位稳步提升

中国传统认知对于高职教育存在错误性观点，多年来，认为高等职业教育是为能力低、水平低、没前途的学生准备的。现实情况也表明，企业在面对高职教育毕业生与普通高校的毕业生时会出现差别对待。随着教育现代化的推进，职业教育已经成为我国教育事业创新发展的重要内容。高等职业教育是培养技术技能人才、促进就业创业创新、推动中国制造和服务上水平的重要基础。怎样对待高等职业教育，把其放在什么样的战略地位，这是一个非常迫切并且极其重要的问题。

高等职业教育是国民教育体系和人力资源开发的重要组成部分，不是普通教育的“附属品”，不能被视为“低人一等”。职业教育与普通教育是两种不同教育类型，具有同等重要地位。一方面，职业教育培养技术技能人才，为各行各业培育高素质的技术人才，能够更好地满足现代服务业的需要；另一方面，职业教育为广大青年提供多样化的成长成才路径，使每个人获得发展自身、奉献社会、造福人民的能力，为深化教育改革创造了更好的条件。

党的十八大以来，以习近平同志为核心的党中央站在党和国家发展全局的高度，把职业教育摆在了前所未有的突出位置。习近平总书记多次对职业教育作出重要指示，并亲自主持中央全面深化改革委员会，会议审议通过的《国家职业教育改革实施方案》为办好新时代职业教育做出了顶层设计、绘制了施工蓝图。

党的十九大报告指出，中国特色社会主义进入新时代，明确了中国发展新的历史方位。新时代经济发展呈现新格局，迫切需要对经济变化反应最为灵敏、与行业企业发展联系最为紧密的高等职业教育建立与之相匹配的新的发展模式，创新发展理念，优化培养模式，拓宽服务面向，真正肩负起培养多样化人才、传承技术技能、促进就业创业的重要职责，畅通广大青年成功成才的道路。这与党的十七大、十八大提出的“大力发展”和“加快发展”相比较，党的十九大对职业教育的重视程度有了极大的丰富和提高，可见我国职业教育的战略地位明显提高。2020 年 9 月，由教育部等九部门联合印发的《职业教育提质培优行动计划（2020～2023 年）》明确提出，要办好公平有质量、类型特色突出的职业教育，提质培优、增值赋能、以质图强，加快推进职业教育现代化，这为现阶段我国职业教育的发展指明了方向。

2021 年 4 月，全国职业教育大会在北京召开。会上传达了习近平对职业教育的重要指示。他强调，在全面建设社会主义现代化国家新征程中，职业教育前途广阔、大有可为。要坚持党的领导，坚持正确办学方向，坚持立德树人，优化职业教育类型定位，深化产教融合、校企合作，深入推进育人方式、办学模式、管理体制、保障机制改革，稳步发展职业本科教育，建设一批高水平职业院校和专业，推动职普融通，增强职业教育适应性，加快构建现代职业教育体系，培养更多高素质技术技能人才、能工巧匠、大国工匠。各级党委和政府要加大制度创新、政策供给、投入力度，弘扬工匠精神，提高技术技能人才社会地位，为全面建设社会主义现代化国家、实现中华民族伟大复兴的中国梦提供有力人才和技能支撑。[①] 李克强总理也作出批示，他指出，职业教育是培养技术技能人才、促进就业创业创新、推动中国制造和服务上水平的重要基础。近些年来，各地区各相关部门认真贯彻党中央、国务院决策部署，推动职业教育发展取得显著成绩。要坚持以习近平新时代中国特色社会主义思想为指导，着眼服务国家现代化建设、推动高质量发展，着力推进改革创新，借鉴先进经验，努力建设高水平、高层次的技术技能人才培养体系。要瞄准技术变革和产业优化升级的方向，推进产教融合、校企合作，吸引更多青年接受职业技能教育，促进教育链、人才链与产业链、创新链有效衔接。加强职业学校师资队伍和办学条件建设，优化完善教材和教学方式，探索中国特色学徒制，注重学生工匠精神和精益求精习惯的养成，努力培养数以亿计的高素质技术技能人才，为全面建设社会主义现代化国家提供坚实的支撑。[②]

（二）高职教育的目标日趋明晰

高职教育是培养职业人的教育，任何职业都具有内在的专业性和技术性要求，同时还包括职业伦理即职业道德要求。不同历史时期、不同国家的不同职业虽然有不同的职业要求，但都包含职业道德的内容，这既是职业对从业人员的要求也是职业教育的重要特征。中国特色高职教育是社会主义的职业教育，更加注重职业道德的培养。习近平关于立德树人是教育的根本任务的重要论述，为各级各类教育指明了育人方向。他关于职业教育是广大青年和劳动者成功成才、实现人生价值的重要途径等系列论述，始终贯穿着以人为本、以人民为中心的发展思想。[③]

---

① 习近平：《习近平对职业教育工作作出重要指示》，（2021－04－13），http：//www. xinhuanet. com/politics/leaders/2021－04/13/c_ 1127324347. html。

② 习近平：《习近平对职业教育工作作出重要指示》，（2021－04－13），http：//www. xinhuanet. com/politics/leaders/2021－04/13/c_ 1127324347. html。

③ 张莉：《习近平职业教育重要论述的基本内涵与特征》，《成都中医药大学学报（教育科学版）》2020 年第 4 期。

我国的高职教育要坚持党的全面领导，以立德树人为根本任务，坚持以中华民族伟大复兴的中国梦为奋斗目标，更加注重职业道德和职业精神建设，将爱国主义教育、劳动教育、职业道德教育等纳入人才培养计划和方案，以社会主义核心价值观为统领，坚持德技并修的育人机制，弘扬劳模精神、工匠精神，大力培育多样化的合格适用人才。

首先，遵循高等职业教育规律及学生成长成才规律。高等职业教育的培养目标是高质量人才，促进学生的成长成才是其最终目标。2019 年，《中华人民共和国职业教育法修订草案（征求意见稿）》第一章第一条“为了保障公民接受职业教育的权利”，把个人权利放到了科教兴国和创新驱动发展战略等其他因素之前，可见保障个人权利的重要性。从法律上保障了每一个学生个体的个性化成长，约束高职院校把学生个性化成长放在第一位，以更好地服务学生成长，更好地服务国家和地方经济的可持续发展与产业经济转型。所以，高职教育具有强烈的人文精神和生命发展关怀。要坚持以人为本，将学生视为教育的核心，为学生的发展营造良好的成长环境，构建价值引领、知识传授与能力培养的育人体系。在技术技能培养基础上，注重学生个性发展，培养学生的创新创业能力，鼓励学生多实践、多探索、多创新，找到个人成功与社会发展契合点，最终培养一支符合新时代产业转型升级需求、结构合理、技能高超、能力卓越的技能型人才队伍。

其次，深化校企合作的多元化育人体系。从 20 世纪 80 年代试点以来，高职教育不断探索校企合作培养应用型人才的模式，但由于机制体制等方面问题，长期存在“一头（学校）热，一头（企业）冷”的状况，教育效果并不理想。党的十九大报告指出，职业教育要“深化产教融合、校企合作”。此后，国家相关部门积极制定改革方案，加快改革进程。高职院校要建立健全校企协同育人机制，共同制定行业标准、企业用人标准、专业建设标准等，构建专业建设与产业发展联动机制，增进专业设置与产业升级的契合度，促进教育链、人才链与产业链、创新链的有机衔接，推进人力资源供给侧结构性改革。例如全国职业院校技能大赛及其带动的省级和校级技能大赛，对于企业参与学生的技术技能培养起到了积极的促进作用；1+X证书制度试点工作促进了企业和相关行业协会与高职院校深度合作。要立足高职院校办学实际，主动对接区域经济社会发展需求，科学合理设置专业，彰显高职院校办学特色，提升与所属区域行业产业的匹配度。

（三）高职教育的理论逐渐丰富

改革开放40多年来，我国高等职业教育事业实现了从恢复到繁荣的转变，职业教育理论也实现了从依附到超越的发展。教育实践的发展离不开理论研究的不断深化，高等职业教育理论要紧跟时代发展的步伐、服务经济社会转型发展的需要，从问题出发，对高等职业教育实践中不断出现的新命题、新情况、新矛盾做出创新性的理论回答，以此来推动高等职业教育的理论创新。

改革开放初期，我国高等职业教育理论主要依附于普通教育理论、西方职业教育理论，职业教育研究及其生产的理论水平都相对较低。随着高等职业教育实践的深入，高职教育理论经过40多年的演进，初步形成了自己的概念、范畴、命题和研究方法，初步建构了具有中国特色的现代职业教育理论体系。① 例如，对高职教育本体、本质等基本问题的深入探讨，以及高职教育本土化的问题，提出“双师型”教师理论、“职业教育集团化”的办学理论、“订单式”培养模式理论等职业教育实践理论。

2014年国务院颁布的《关于加快推进现代职业教育的决定》将高等职业教育的发展提上了新的层次。在经济发展进入新常态，全面深化改革，产业结构转型升级的国内背景下，在第四次科技革命带来的人工智能、物联网、大数据、云计算等技术飞速演进的国际环境下，高等职业教育实践面临的挑战更为严峻。如何在这一时期成功助推国内产业结构转型升级，

---

① 曲铁华，王瑞君：《40年来我国高等职业教育政策演进历程与特点》，《沈阳师范大学学报（社会科学版）》2019年第4期。

如何深化产教融合提升技能人才培养质量成为这一时期职业教育实践改革的关键。而职业教育理论要从“理论理性”上升至“实践理性”的层面，指导职业教育变革。所以，近年来高职教育研究的内容、视角、方法都更加多元，开始探讨高职教育与《中国制造2025》的关系，与“互联网+”的关系，与“一带一路”倡议的关系；开始关注技能人才的“工匠精神”，现代学徒制的发展等。高等职业教育理论成果变得更加多元化。

2015年以来，天津、内蒙古、上海、广东等地纷纷试点举办本科职业教育。2019年，《国家职业教育改革实施方案》（国发〔2019〕4号）明确提出“开展本科层次职业教育试点”“推动具备条件的普通本科高校向应用型转变，鼓励有条件的普通高校开办应用技术类型专业或课程”。在此背景下，教育部允许一批高职学校试点开展本科层次职业教育。截至目前，已分批建设了22所本科层次职业教育学校。① 下一步，将深入贯彻落实《国家职业教育改革实施方案》，积极做好发展本科层次职业教育工作，着力构建现代职业教育体系。与其同时，在高职职业教育实践中不断出现的新业态、新问题、新困惑和新矛盾亟待解决，新的经验需要及时归纳总结以形成新思想、新观念和新理论。这些新的高职教育实践对高职教育理论提出了新要求。

四、新时代高职教育的新挑战

随着新时代经济的发展，改革开放的不断深入，国际国内形势都发生了很大变化，高等职业教育面临着新一轮的挑战。具体有以下几个方面：国内产业转型升级、科学技术迅猛发展、高职教育国际化、师资力量薄弱等。

（一）国内产业转型升级带来的挑战

工业化是我国社会主义现代化建设的重要任务。根据《2020年国民经

① 教育部：《目前全国共22所本科层次职业教育学校》，2020－08－19，http：//k.sina.com.cn/article_2613324761_9bc42bd902000vnvm.html。

济和社会发展统计公报》发布的数据，2020 年我国第一产业增加值 77754 亿元，增长 3.0%；第二产业增加值 384255 亿元，增长 2.6%；第三产业增加值 553977 亿元，增长 2.1%。第一产业增加值占国内生产总值比重为 7.7%，第二产业增加值比重为 37.8%，第三产业增加值比重为 54.5%。第三产业增加值超过第一产业增加值 46.8 个百分点，超过第二产业增加值 16.7 个百分点，这说明我国已经进入新型工业化阶段。[①] 新型工业化的重要特点就是与信息化的高度融合，工业化为信息化提供物质基础、硬件装备和多元需求，信息化为工业化提供新的应用和技术手段，拓展工业化发展的方向和空间，催生大量新兴产业，促进原有产业转型升级。同时，工业化和信息化的融合促使生产制造领域的分工向着集成化的方向发展。集成化就是通过信息技术将各个工作环节、工作部分联结为一个整体，从而让更少的个体完成更加多元、复杂任务的工作模式。比如，在生产线全自动化工厂中，工人不仅要全面了解生产线上各个环节的工作需求和质量标准，还要熟悉整个自动化操作系统，这就需要工人具备全面的专业知识、专业技能和学习能力。由于越来越多的人类初级体力劳动和脑力劳动会被机器人、人工智能等所取代，学习能力和创新能力将成为产业工人的核心竞争力，这就对高职教育提出了更高的要求。

中国特色高水平高职学校和专业建设计划（简称“双高计划”）指出，创新高等职业教育与产教融合发展的运行模式，提升高职学校服务产业转型升级的能力，为加快建设现代产业体系提供有力支撑。高等职业教育的人才培养目标是为国家、为社会培养德艺双馨的技能型人才，只有精准对接产业、行业和企业的人才需求，才能帮助高职院校完成人才培养这一重大任务。同时，高职教育的高质量发展不仅要为产业转型升级培养人才，更要重视科研成果的转化，通过创新将科研成果转化为产业技术的深度与为社会服务的广度，实现与产业、行业和企业的协同发展，促进产业链、

---

① 国家统计局：《中华人民共和国 2020 年国民经济和社会发展统计公报》，2021－02－28，http：//www.stats.gov.cn/tjsj/zxfb./202102/t20210227_ 1814154.html。

人才链、创新链的深度融合。

（二）科学技术迅猛发展带来的挑战

2010年以后，我国以及世界的科技进入了革新发展的时代，各种具有新兴变革式的科技孕育而生。"互联网+"在互联网、大数据、云计算、人工智能等新一代技术的支持下，持续推动着企业信息化和高质量发展的进程。一方面，新的科技和信息技术为大学生带来了新的教育体验。高职院校通过"线上""线下"的有机结合，不断革新教学内容、教学场景、教学方法与教学流程，帮助大学生打破学习空间和时间的限制，有效激发了他们的学习兴趣，增强了其自主学习意识，提高了学习效率，培养了大学生的创新精神。同时，科技的发展能够有效研究不同受教育群体的学习习惯和教育需求，针对不同教育群体提供个性化和定制化的教育服务，促进了教育需求和教育供给精准对接。

另一方面，数字产业结构的优化和调整对技术技能型人才的倚重程度越来越高，数字化产业的岗位和岗位群对技术技能型人才的素质要求有了较大改变。目前高职院校整体专业建设滞后于新兴产业发展，专业结构较为单一，学科知识技能之间交叉融合不足，无法培养出具备多样化的数字技术技能型人才，学生所拥有的技术技能无法匹配新兴产业岗位，以至于企业技术技能型人才供给不足。① 同时，新技术带来新产业、新业态，技术创新周期缩短，技术设备升级迭代速度加快，在校课程内容滞后于专业技术的更新与发展，教学内容和案例相对落后，学生专业技能和教师专业水平无法与新的社会需求相一致。传统在校学习的知识技能只能匹配传统职业岗位，无法匹配新兴产业岗位，或与新兴产业岗位匹配度不高。因此，高职教育要关注科技进步的发展趋势和更新迭代，创新人才培养体系和培养模式，在设计人才培养方案和知识体系结构时保持与时俱进，以便

① 徐栋梁：《数字经济时代职业教育技术技能型人才培养面临的挑战与对策研究》，《产业与科技论坛》2021年第15期。

能够更好地适应新的发展需求。

（三）高职教育国际化带来的挑战

国际化是我国高等职业教育发展的阶段性主题之一，正在成为高职院校改革与发展话语体系中的关键词，国际化在提升高职院校办学质量方面具有越来越重要的作用。在“双高”计划全面推进的背景下，高职院校国际化发展作为“双高”计划的任务之一，如何明确国际化发展方向、选择合适的发展策略对标“双高”建设要求，成为高职教育需要研究的新课题。高职院校要以“双高”建设为契机，解决目前国际交流合作浅层次、表面化的问题，积极探寻高水平合作发展的新模式，实现高层次的国际合作与交流。在高水平专业群建设过程中，推出一批具有国际影响力的高质量专业标准、课程标准和教育资源，积极面向国际教育市场提供高质量的教育服务，不断扩大高职教育的国际认可度。

对标“双高计划”国际化建设目标要求，高等职业院校教育国际化普遍存在着国际化办学水平不高、师资队伍建设薄弱等问题。尽管有相当一部分院校已经将“国际化”作为发展战略，但我国高职院校现有的海外办学活动主要依附于外部资源，依托自身优势“走出去”办学的院校不多，国际化办学水平较低。特别是在“一带一路”倡议背景下，适应“一带一路”倡议所需要的人才，不仅应具备较高的专业技术能力，还要精通外国语言、文化、涉外业务及相关行业国际标准、法律法规。不少沿线国家的官方用语或通用语并不是英语，而高职院校仍以英语教学为主，对小语种教学不够重视。[①] 同时，高职院校教师的海外经历不足，也严重制约了高职院校教师学习国际先进的教学理念和教学模式的能力。

高职教育国际化的另一个重要特征是高职教育与国际企业间的深层次合作。虽然在全国范围内已经有不少高职院校通过订单班等形式与跨国企

① 刘宏宇，吴焱岷，丁锦箫：《高职教育发展的机遇、挑战与策略——以服务“一带一路”倡议为例》，《教育教学论坛》2021 年第 25 期。

业展开合作，定向培养跨国人才，但从我国高等职业教育的全局来看，我国高职院校"走出去"办学还处于起步阶段，区域间的教育质量仍然存在着差距，与跨国企业合作力度不足。

（四）师资力量薄弱带来的挑战

高职教育区别于普通高等教育的一个重要特征在于人才培养目标不同。高职教育是以培养应用技术型人才为主要目标，这就需要配备一支具有高水平专业技能和实践能力的教师队伍，"双师型"教师是保证高职教育质量的关键因素。而我国高职院校普遍缺乏"双师型"教师，教师队伍不能满足高职院校教学需要，"双师型"教师结构不够合理、比例不高、培养渠道不够完善、建设经费不足等问题亟待解决，严重阻碍了教学水平的提高，难以适应应用技术型人才的培养要求。近几年来，教育部启动了"双师型"教师培训计划，但仍有许多教师没有接受过职业技术教育理论和教学方法培训，缺乏在企业或生产一线工作的经验，理论与实践脱节，加上到企业实践学习的机会又非常有限，所以难以对大学生进行实训指导，无法胜任技能培训工作。

此外，在新技术背景下高职教育教学也面临重构。数字化产业催生了新技术不断演进，高职教育教学面临新的挑战。一方面，新技术重塑了师生关系，教师借助于人工智能技术可以精细了解和准确捕捉到大学生的学习状态，通过互联网技术对大学生课外学习中的言谈举止也能有所了解，大学生可以借助于人工智能技术实现自主学习，这就对教师的角色转换提出了新挑战。另一方面，新技术打破了教学的时间和空间的限制，当前教育正在朝智能化、网络化、个性化方向发展，形式多样的教学资源搭载互联网、人工智能等信息技术平台可以实现智能化、个性化、情景化精准推送，学生可以突破时空束缚，这就对教师传统的教育教学方法提出了新挑战。

第一章　习近平总书记关于新时代青年教育的重要论述

中国共产党在不同历史时期都非常注重青年理想信念教育，正是基于这一个点，才使得党能够在不同时期代表广大青年、依靠广大青年、赢得广大青年，进而取得了革命、建设和改革的伟大胜利。习近平总书记在继承毛泽东、邓小平、江泽民和胡锦涛青年教育思想的基础上，坚持从事关国家与民族前途命运的重大战略高度审视青年和青年问题，形成了一系列符合社会与青年发展的科学认识与判断。当前，我国正处在加快推进中国特色社会主义建设事业的伟大历程中，青年的教育问题关乎到中国特色社会主义建设事业的发展。我国是中国共产党领导的社会主义国家，这就决定了我们的教育必须把培养社会主义建设者和接班人作为根本任务。①

第一节　习近平总书记关于新时代高等教育的重要论述

党的十八大以来，习近平总书记非常重视高等教育问题，在致清华大

① 习近平：《关于青少年和共青团工作论述摘编》，北京：中央文献出版社 2017 年版，第 61 页。

学建校105周年的贺信中提到，办好高等教育，事关国家发展、事关民族未来。习近平总书记在五四青年节、教师节等重大节日多次考察各类高校并做重要讲话，出席全国教育大会、全国高校思想政治工作会议并做重要讲话，站在治国理政的高度全面论述新时代高等教育的重要性，并对培养什么样的人、如何培养人、为谁培养人这个高校的根本问题做了深刻解读和科学论述，为新时代高等教育的发展指明了方向、找准了定位、确立了目标、总结了原则、揭示了规律，提出了高等教育的新理念、新思想、新战略。

习近平总书记关于新时代高等教育的重要论述是马克思主义基本理论与中国教育实践相结合的重大理论结晶。本节从教育性质、教育原则、教育目的理论逻辑，传统教育、近代教育、现代教育的历史逻辑出发，围绕“为谁办大学、办什么样的大学、如何办大学”的实践逻辑，系统阐释当前加强和改进高校工作的重大理论与实践问题，全面解读习近平总书记关于新时代高等教育的重要论述。

一、高等教育思想的理论逻辑

习近平总书记在2018年北京大学师生座谈会上指出，党和国家事业发展对高等教育的需要，对科学知识和优秀人才的需要，比以往任何时候都更为迫切。广义的教育承载一定的社会功能，灌输社会对个体思想良性的、有意义的知识和行为；狭义的教育就是把个体培养出社会所希望的范式。高等教育是在完成中等教育的基础上培养高级专业人才的社会活动，这都体现了教育的社会性、原则性和目的性。[①]

（一）教育的性质

教育与社会发展的关系历来是各国政府和政党高度关注的问题，高等

① 管莹：《改革开放以来邓小平、江泽民、胡锦涛教育思想的比较研究》，南京信息工程大学硕士论文，2014年。

教育发展水平是一个国家发展水平和发展潜力的重要标志，直接关系到教育在经济社会发展中的地位与作用。“马克思主义认为根本不存在一个能够超然于社会之外的教育，也不存在一个可以单纯被教育所随心所欲加以设计和改造的社会，教育要为全体社会成员服务，为无产阶级的解放事业服务，为解放和发展生产力服务。”①

古今中外，每个国家都是按照自己的政治要求来培养人的，世界一流大学都是在服务自己国家的发展中成长起来的。列宁在《关于无产阶级文化》一文中提到：“苏维埃工农共和国的整个教育事业，无论在一般的政治教育方面或者具体的艺术方面，都必须贯彻无产阶级阶级斗争的精神，这一斗争是为了顺利实现无产阶级专政的目的。”② 习近平总书记运用马克思主义理论，深刻阐释了当前我国加强和改进高校工作的重大理论与实践问题，为推动新时代高等教育发展提供了科学的理论指导和行动指南。

（二）教育的原则

马克思认为“生产劳动和教育的早期结合是改造现代社会的最强有力的手段之一”。我国高等教育法规定，高等教育必须贯彻国家的教育方针，与生产劳动和社会实践相结合。在2016年全国高校思想政治会议上，习近平指出，我国高等教育发展方向要同我国发展的现实目标和未来方向紧密联系在一起，为人民服务，为中国共产党治国理政服务，为巩固和发展中国特色社会主义制度服务，为改革开放和社会主义现代化建设服务。“四个服务”理念是高等教育与生产劳动和社会实践相结合的新时代产物，是新时代党的教育方针的丰富与发展。

《俄共（布）党纲草案》提道，“在无产阶级专政时期，即为使共产

---

① 李立国：《扎根中国大地办大学的理论自觉与教育自信》，2017年10月21日《光明日报》第14版。

② 列宁：《列宁选集（第4卷）》，北京：人民出版社1995年版，第298页。

主义的完全实现成为可能而准备条件的时期，学校不仅应当传播一般共产主义原则，而且应当对劳动群众中的半无产者和非无产者阶层传播无产阶级在思想、组织、教育等方面的影响，以培养能够最终实现共产主义的一代人"①。习近平在全国高校思想政治工作会议上指出，我国有独特的历史、独特的文化、独特的国情，决定了我国必须走自己的高等教育发展道路，扎实办好中国特色社会主义高校。

（三）教育的目的

《共产党宣言》指出："代替那存在着阶级和阶级对立的资产阶级旧社会的，将是这样一个联合体，在那里，每个人的自由发展是一切人的自由发展的条件。"② 人的发展离不开教育，人的全面发展更离不开教育。马克思通过历史唯物主义分析出人的全面发展涵盖智力、体育和劳动技能的发展，"人的本质不是单个人所固有的抽象物，在其现实性上，它是一切社会关系的总和"③。社会与个人的发展是紧密不可分的，每个个体都是存在于一个系统的社会当中，都会受到特定历史条件的限制，而且还应当学习借鉴他人的经验成果，在一定的社会关系网络中和与他人交往中实现人的全面发展。

培养什么人，是教育的首要问题，也是发展中国特色、世界水平的高等教育必须回答的根本性问题。首先，当代大学生要做马克思主义的坚定信仰者，要认真组织学习马克思主义经典著作、中国特色社会主义最新理论成果，教育引导学生运用马克思主义基本原理和科学立场、观点、方法观察现实，分析、解决实际问题，为成长成才打下科学思想基础。其次，要做社会主义核心价值观的自觉践行者。立社会主义大德、树社会主义新

---

① 列宁：《列宁全集（第36卷）》，北京：人民出版社2017年版，第87页。

② 陈占安编：《马克思主义经典著作选编导读》，北京：北京大学出版社2002年版，第28页。

③ 恩格斯：《路德维希·费尔巴哈和德国古典哲学的终结》，北京：人民出版社2018年版，第65页。

人，把个人需要与社会发展统一起来，在对国家和社会的贡献中、在为社会整体利益奋斗的追求中实现自我价值。最后，要做民族复兴大任的勇敢担当者。一代人有一代人的使命，当代大学生作为有知识、有见地、思想活跃、视野开阔、具有开拓精神的青年群体，将全程参与实现“两个一百年”奋斗目标的宏伟征程，要弘扬“有国才有家”的家国情怀，同人民一起奋斗、前进，同人民一起梦想，做追梦者、当圆梦人。

二、高等教育思想的历史逻辑

（一）传统教育

儒家学说代表孔子实行“有教无类”的教育，注重“因材施教”，“三人行必有吾师”的求学观点传扬道德精神。孟子“善教得民心”的治理观点、荀子“立大学，设摩序，修六礼，明七教，所以道之也”等教育规律为后世所用。道家老庄主张无为而胜有为，按照人的本性和成长规律进行教育，使得个体能得到应有的发展，这些都为习近平关于新时代高等教育的重要论述的形成提供了肥沃土壤。

2019 年，习近平总书记在学校思想政治理论课教师座谈会上讲到，中华民族几千年来形成了博大精深的优秀传统文化，我们党带领人民在革命、建设、改革过程中锻造的革命文化和社会主义先进文化，为思政课建设提供了深厚力量。良好的教育有助于每一个新时代的中国人树立正确的历史观，树立文化自信。习近平总书记坚持马克思主义理论与中国传统教育思想相结合，形成了关于新时代高等教育的重要论述。

（二）近代教育

近代中国遭受西方列强坚船利炮的重创，中国处于大动荡和大转变之中，沦为半封建半殖民地社会。近代中国教育基本上是在政治动荡的背景下进行的，为保护中华民族不受欺压，教育救国思潮由洋务运动开始，经维新运动、辛亥革命、新文化运动直至十月革命胜利，马克思主义在中国得到广泛传播，中国先进知识分子在这一思想的指导下成立了中国共产党，完成了其他阶级或其他党派所无法完成的历史重任——成立了新中国。

近代中国"教育救国""兴教救国""人才救国""教育先行"等教育思想是民族复兴、爱国精神的深刻体现，习近平在纪念五四运动100周年大会上讲到，爱国主义自古以来就流淌在中华民族血脉之中，是中国人民和中华民族维护民族独立和民族尊严的强大精神动力，只要高举爱国主义的伟大旗帜，中国人民和中华民族就能在改造中国、改造世界的拼搏中迸发出排山倒海的历史伟力！

（三）现代教育

1958年，中共中央、国务院发出《关于教育工作的指示》，指出党的教育方针是教育为无产阶级的政治服务，教育与生产劳动相结合。毛泽东提出，"一定的文化（当作观念形态的文化）是一定社会的政治和经济的反映，又给予伟大影响和作用于一定社会的政治和经济。"① 还提出以培养有思想、有觉悟、有文化的新青年为目标，德育、体育、智育多角度发展的社会主义教育。

邓小平强调"教育是一个民族最根本的事业"②，恢复高考制度使全国人民享有接受高等教育的权利。他指出："我们的学校是为社会主义建设培养人才的地方。"③ 教育要尊重知识，尊重人才，要面向现代化、面向世界、面向未来，培养有理想、有道德、有文化、有纪律的社会主义新人。

江泽民在党的十四大报告中郑重宣告，"我们必须把教育摆在优先发展的战略地位，努力提高全民族的思想道德和科学文化水平"，提出"科

---

① 毛泽东：《毛泽东选集（第2卷）》，北京：人民出版社1991年版，第663—664页。
② 邓小平：《邓小平论教育》，北京：人民教育出版社2004年版，第176页。
③ 邓小平：《邓小平文选（第2卷）》，北京：人民出版社1983年版，第103页。

教兴国”“素质教育”。在北京师范大学百年校庆时江泽民讲到，教育的最终目标是保持青年学生的创新精神，从而培养出具有民族精神和创造精神的栋梁之才。

胡锦涛在2010年全国教育工作会议上明确提出“教育为社会主义现代化服务、为人民服务”，将教育思想的内容与科学发展观相结合，要求办好“人民满意的教育”。胡锦涛强调育人为本、德育为先、立德树人的教育思想，坚持以学生健康成长为学校的出发点和落脚点，培养德智体美全面发展的社会主义建设者和接班人。

习近平关于新时代高等教育的重要论述汲取了中国优秀传统文化中的教育思想，吸收了党的几代领导人的高等教育思想，是马克思主义与中国教育具体实践相结合的产物，传承与发展了中国高等教育思想，形成了符合时代要求和社会发展特性的教育理论体系。

三、高等教育思想的实践逻辑

当前，我国高等教育的发展就是要紧紧围绕“两个一百年”奋斗目标，以及“五位一体”总体布局和“四个全面”战略布局确立发展目标和人才培养目标，认真思考“为谁办大学、办什么样的大学、如何办大学”三个问题，解决在现代高等教育中出现的问题，培养大批德才兼备的优秀人才，为实现中华民族伟大复兴的中国梦提供坚实的保障。

（一）为谁办大学

一是为党育人、为国育才。不忘立德树人初心，牢记为党育人、为国育才使命，这是习近平总书记对学校和教师的殷切希望，更是建设高校的出发点和落脚点。高校始终坚持服从和服务于党和国家工作大局，培养出数以亿计的德才兼备的高材生，使得中国共产党在世界的影响力持续增强，我国的综合国力和国际地位稳步提升。

二是牢记教育服务政治的本质。“古今中外，每个国家都是按照自己的政治要求来培养人的，世界一流大学都是在服务自己国家发展中成长起来的。我国社会主义教育就是要培养社会主义建设者和接班人。”① 中国共产党把教育作为民族振兴、社会进步的重要基石，这就决定高等教育必须把培养社会主义合格建设者和可靠接班人作为根本任务，培养一代又一代立志为中国特色社会主义奋斗终身的有用人才。

三是坚持教育的人民立场。习近平总书记反复强调，要着力践行以人民为中心的发展思想，在教育上坚守人民至上的价值立场，不断满足人民对更好教育的期待。高等教育就是要满足人民需要，回应人民期待，实现好、维护好、发展好最广大人民根本利益。高等教育坚持以人民为中心的发展思想，科学回答了高等教育“为了谁”的问题。

（二）办什么样的大学

一要坚持马克思主义为指导。“马克思主义是我们立党立国的根本指导思想，也是我国大学最鲜亮的底色。”② 高校是意识形态工作的前沿阵地，肩负着培养中国特色社会主义事业合格建设者和可靠接班人的重大任务，必须加强马克思主义理论教育，推动马克思主义进校园、进课堂、进学生头脑，发挥应有作用。要勇于对不良的社会思潮发声、亮剑，旗帜鲜明地批驳错误观点和错误思潮。同时，要用科学的态度对待马克思主义，积极构建中国特色哲学社会科学，推进中国特色、中国风格、中国气派的学科体系、学术体系、话语体系建设，提升中国哲学社会科学在国际上的话语权和影响力。

二要把立德树人作为根本任务。“大学是立德树人、培养人才的地方，是青年人学习知识、增长才干、放飞梦想的地方。”③ 大学阶段是价值观形成和确立的关键时期，是一个人成长、成才的关键起点，引导学生首先树

① 习近平：《在北京大学师生座谈会上的讲话》，2018 年 5 月 3 日《人民日报》第 2 版。
② 习近平：《在北京大学师生座谈会上的讲话》，2018 年 5 月 3 日《人民日报》第 2 版。
③ 习近平：《在北京大学师生座谈会上的讲话》，2018 年 5 月 3 日《人民日报》第 2 版。

立正确的世界观、人生观和价值观，正确认识和看待德才之间的辩证关系。高校立德树人要把思想政治工作贯穿教育教学全过程，实现全员育人、全程育人、全方位育人，培养一代又一代拥护中国共产党领导和我国社会主义制度，德智体美劳全面发展的高端人才。

三要扎根中国大地办教育。走什么样的高等教育发展之路，决定着我国高等教育的未来。2014 年，习近平考察北京大学时指出，我们要认真吸收世界上先进的办学治学经验，更要遵循教育规律，扎根中国大地办大学。改革开放四十多年来，我国不仅建成了世界上规模最大、学位体系完整、学科专业门类齐全的高等教育体系，也形成了完善的人才培养、科学研究和社会服务体系，为建设世界一流大学奠定了良好条件，特别是加快一流大学和一流学科建设，实现高等教育内涵式发展。与世界上最优质的教育主体平等合作，着力提升我国高等教育水平，凸显中国特色社会主义大学优势，瞄准现代高等教育发展趋势，不懈努力奋斗，跻身于世界高等教育强国之林。

（三）如何办大学

第一，始终坚持党对教育事业的全面领导。“我们的高校是党领导下的高校，是中国特色社会主义高校。”“办好我国高等教育，必须坚持党的领导，牢牢掌握党对高校工作的领导权，使高校成为坚持党的领导的坚强阵地。”[①] 高校要旗帜鲜明讲政治，坚定中国特色社会主义高校办学的政治方向，自觉在政治立场、政治方向、政治原则、政治道路上同党中央保持高度一致，使高校成为坚持党的领导的坚强阵地。要深入学习领会并自觉运用习近平新时代中国特色社会主义思想，全面贯彻党的教育理论和路线方针政策，用科学的理论武装头脑、指导实践、推动工作，确保党中央的决策部署在高校得到不折不扣的贯彻执行，营造风清气正的高校政治

① 习近平：《在全国高校思想政治工作会议上的重要讲话》，2016 年 12 月 9 日《人民日报》第 1 版。

生态。

第二，持续深化教育领域综合改革。全面深化教育领域综合改革是推进社会事业改革创新的重要内容。习近平同志指出："要深化办学体制、管理体制、经费投入体制、考试招生及就业制度等方面的改革，深化学校内部管理制度等方面的改革，深化人才培养模式、教学内容及方式方法等方面的改革，使各级各类教育更加符合教育规律、更加符合人才成长规律。"① 高校改革以发展和完善中国特色现代大学制度为目标，是一场关乎大学制度、办学模式、学科设置、人才培养体系等的全方位深刻变革。

第三，争做党和人民满意的好老师。2014 年，习近平总书记在同北京师范大学师生代表座谈时指出："一个人遇到好老师是人生的幸运，一个学校拥有好老师是学校的光荣，一个民族源源不断涌现出一批又一批好老师则是民族的希望。"② 高校教师要做有理想信念、有道德情操、有扎实学识、有仁爱之心的好老师。好老师就要善于从政治上看问题，在大是大非面前保持政治清醒，用真理的力量感召学生，以深厚的理论功底赢得学生；自觉弘扬主旋律，积极传递正能量，自觉做为学为人的表率，做让学生喜爱的人。

第二节　习近平总书记关于新时代青年思想的重要论述

党的十八大以来，习近平总书记针对青年教育的问题，通过大会、座谈、回信、指示等形式，站在战略的高度发表过一系列重要讲话，形成了

① 习近平：《全面贯彻落实党的教育方针努力把我国基础教育越办越好》，2016 年 9 月 10 日《人民日报》第 1 版。

② 习近平：《做党和人民满意的好老师》，2014 年 9 月 10 日《人民日报》第 2 版。

具有丰富内涵的关于新时代青年思想的重要论述。这些为当代青年成长进步提供了强大的思想武器，也为习近平新时代中国特色社会主义思想提供了宝贵的青年人才理论支撑，从而继承和丰富了马克思主义青年思想。

习近平总书记在党的十九大报告中郑重宣告：中国特色社会主义进入新时代，特别指出，青年一代有理想、有本领、有担当，国家就有前途，民族就有希望。对广大青年在中华民族伟大建设的角色定位给予明确指示。

一、新时代青年的成长背景

新时代青年与小康社会共成长。2002 年，党的十六大提出全面建设小康社会的奋斗目标，社会主义经济快速发展，国家发展红利惠及于民，生活条件不断提升，物质资料充裕富足。部分家庭条件好的学生没有经历过苦日子，不懂得勤俭节约，一味追求高消费，攀比现象严重，容易受到诱惑，产生拜金和功利思想。

新时代青年是“幸福”家庭成长的一代。他们出生于社会主义市场经济全面发展时期，经济富裕、生活富足，父母文化水平相对较高，乐于站在平等的角度教育与培养子女。同时，绝大多数成长于“6 + 1”的家庭模式，6 个家长围着 1 个孩子转，因此，新时代青年个性突出，自我中心意识强。

新时代青年与新媒体共成长。二十一世纪以来，新媒体形态迅速发展，新时代青年就是在网络技术日新月异的时代成长起来的“网络原住民”，他们乐于通过新媒体获取外来信息，热衷于通过 QQ、BBS、微博、微信、校园网等方式进行信息交流，通过博客、日志进行情感的传达和宣泄，使用抖音、快手、美拍等方式“晒”个人生活。然而新媒体充斥着与主流文化相悖的灰色信息，使得青年们容易混淆是非，难辨真假，这也成了理想信念教育的痛点。

二、新时代青年教育的主要内容

习近平强调，培养新时代青年要在坚定理想信念上下功夫，教育引导青年们树立共产主义远大理想和中国特色社会主义共同理想；要在厚植爱国主义情怀上下功夫，让爱国主义精神在青年们心中牢牢扎根；要在加强品德修养上下功夫，教育引导青年们培育和践行社会主义核心价值观；要在增长知识见识上下功夫，教育引导青年们丰富学识。①

第一，坚定理想信念。习近平总书记指出，“青年时代树立正确的理想、坚定的信念十分紧要，不仅要树立，而且要在心中扎根，一辈子都能坚持为之奋斗。”② 这样的有志青年，成千上万这样的有志青年，正是党、国家、人民所需要的。要使青年们深刻认识到，人类社会最终走向共产主义是马克思主义提示的历史运动规律，实现共产主义不仅是所有中国共产党人的终极目标，也是人类历史发展的必然趋势。要使青年们深刻认识到破解一个时代的发展难题，就会形成一个时代的最新理论，以习近平同志为核心的党中央以全新的视野深化对共产党执政规律、社会主义建设规律、人类社会发展规律的认识，取得重大理论创新成果，创立了习近平新时代中国特色社会主义思想。

第二，厚植爱国主义。习近平总书记在纪念五四运动100周年大会上指出，新时代中国青年要热爱伟大祖国。热爱祖国是立身之本、成才之基。要听党话、跟党走，胸怀忧国忧民之心、爱国爱民之情，不断奉献祖国、奉献人民，以一生的真情投入、一辈子的顽强奋斗来体现爱国主义情怀，让爱国主义的伟大旗帜始终在心中高高飘扬。新时代青年是担当民族复兴大任的先锋力量，是国家走向兴盛、实现昌明的重要力量。应当树立

① 习近平：《在全国教育大会上发表重要讲话》，2018 年 9 月 10 日《人民日报》第 1 版。

② 习近平：《关于青少年和共青团工作论述摘编》，北京：中央文献出版社 2017 年版，第 23 页。

民族自尊心和自豪感，坚定“四个自信”，充分宣扬社会主义制度的优越性。新时代青年要不断增强做中国人的志气、骨气、底气，把自己的理想同祖国的前途、把自己的人生同民族的命运紧密联系在一起，扎根人民，奉献国家。

第三，强化党史学习。习近平总书记指出，要抓好青少年学习教育，着力讲好党的故事、革命的故事、英雄的故事，厚植爱党、爱国、爱社会主义的情感，让红色基因、革命薪火代代传承。面对统筹中华民族伟大复兴战略全局和世界百年未有之大变局，帮助青年们弄清中国社会主义发展的曲折道路，进一步明确走中国特色社会主义道路和坚持中国共产党的领导是人民的选择。“以史为镜，可以知兴衰”，通过深化党史、新中国史、改革开放史、社会主义发展史的学习教育，从中激发信仰、获得启发、汲取力量，不断坚定“四个自信”，不断坚定理想信念，勇担时代使命，努力实现学党史、悟思想、办实事、开新局的目标要求。

第四，注重品德修养。习近平总书记指出，新时代青年要锤炼品德修为，不断修身立德，打牢道德根基，自觉抵制拜金主义、享乐主义、极端个人主义、历史虚无主义等错误思想，追求更有高度、更有境界、更有品位的人生，为新时代中国青年锤炼品德修为指明了方向。要把核心价值观作为立德的重要内容，核心价值观是全社会共同认可的价值观念，是一个民族、一个国家最持久、最深层的力量。深入理解社会主义核心价值观对个人、社会和国家三个层面的统一要求，自觉树立和严格践行，成为社会主义核心价值观的坚定信仰者、积极传播者和模范践行者。

第五，增长知识见识。2018 年 5 月，习近平总书记在北京大学师生座谈会上的讲话指出，“玉不琢，不成器；人不学，不知道。”知识是每个人成才的基石，在学习阶段一定要把基石打深、打牢。青年人正处于学习的黄金时期，应该把学习作为首要任务，求真学问，练真本领。如今社会科学技术发展迅速，社会变化也日新月异，多元价值相互碰撞，非主流思想不断侵入，不能科学地掌握学习方法寸步难行。青年不但需要注重知识的积累，也要注重思维的锤炼、见识的增长。学习是成长进步的阶梯，实践是增长见识的重要途径。

三、新时代青年教育的原则方法

习近平总书记强调，青年有别于少年和中年，在生理、心理、利益和要求等方面都有自身的特点。要深入研究当代青年成长的新特点和新规律，把准方向、摸准脉搏，深化改革创新，组织动员广大青年和青年学生坚定跟党走、奋进新时代，为党和国家事业发展做出新的更大的贡献。

2016 年，习近平在全国高校思想政治工作会议上的讲话中指出，“做好高校思想政治工作，要因事而化，因时而进，因势而新。要追寻思想政治工作规律，遵循教书育人规律，遵循学生成长规律，不断提高工作能力和水平。”① 这就要求新时代青年的教育形式上喜闻乐见、过程中循序渐进、方式上平等相见。

第一，贴近现实、贴近生活。传统的青年教育往往高扬道德理想的宏大目标，单方面进行意识形态教育、理想教育，却回避社会发展过程中出现的新矛盾、新问题以及青年们关注的现实问题，“高深莫测的理论说教”无法解决青年们的思想困惑，难以引起他们的情感共鸣。然而，青年不是生活在真空中，现实生活中理想信念的迷惘、生存危机的压力、情感冷漠的孤独、世风日下的无奈等，都严重影响着青年的思想观念以及个人与社会之间关系的正确把握与处理。为此，新时代青年教育不能仅仅用空洞的“政治理论”、抽象的“道德规范”去搪塞，必须紧密联系现实，不断丰富具有时代特征的教育内容，立足青年感兴趣的热点、难点、焦点话题，敢于揭露与诠释，及时进行正确的引导，要让青年运用自己所学的理论分析社会现实，在受教育的过程中逐渐领悟到生活的意义和生命的价值，树立

---

① 习近平：《在全国高校思想政治工作会议上的重要讲话》，2016 年 12 月 9 日《人民日报》第 1 版。

正确的世界观、人生观、价值观，使青年成为能够适应社会，做具有健全人格的人，做有为的新时代青年。

第二，由浅入深、升华心灵。教育是一个由浅入深、由低到高、从感性到理性的过程，具有一定的层次性。新时代青年教育要立足他们的特点，注重内在规律性，避免空洞的说教。一是从弘扬中华民族传统美德出发，引导他们树立对父母、对家庭、对自身的责任，上升到对整个社会以及他人的责任，进而加深对社会主义荣辱观的理解，培养学生的道德情感，提高青年的道德素质。二是从激发青年的爱国精神和民族情感出发，引导青年关注国家经济社会的巨大发展，社会的和谐稳定，人们生活水平的大幅提高以及所享有的尊严和权利，激发青年的爱国热情和对国家前途命运的关注，从爱国到爱党、爱社会主义，增强青年对党、对祖国、对社会主义制度的政治认同和深厚感情，自觉抵制西方政治意识形态的渗透，使学生坚定理想信念，启迪觉悟、升华思想。

第三，关注集体、兼顾个人。教育的根本目的是育人，是青年的成长成才。长期以来，青年教育一味推崇“社会本位”“集体主义”观念，开展“公而忘私”“大公无私”的精神教育，而对人的个体需求和个体价值未能给予足够的关注。一旦个体与整体在价值取向上出现矛盾，就简单地提倡牺牲个体价值去迎合整体需要，造成只见“社会”不见“人”。马克思主义认为，任何人类历史的第一个前提无疑是有生命的个人的存在。社会是由个体组成的，当每一个人的潜能都充分发挥、个体价值得到充分实现时，社会整体的价值才有可能充分实现。因此，在思想政治教育的过程中，要将关注国家利益、集体利益与关注学生的自身需求三者有机结合，肯定学生的价值、尊严和人生意义，维护和弘扬他们的主体性，引导他们正确面对学习、就业、生活、情感等方面的问题与困惑，把个人需要与社会发展统一起来，在对社会的贡献中、在为社会整体利益而奋斗的追求中，真正实现自我价值。

四、新时代青年教育的实现路径

习近平总书记强调，要主动走近青年、倾听青年，真情关心青年、关爱青年，悉心教育青年、引导青年。教育引导广大青年立大志、明大德、成大才、担大任，努力成为堪当民族复兴重任的时代新人，让青春在为祖国、为民族、为人民、为人类的不懈奋斗中绽放绚丽之花。

第一，以个体教育为重点。社会主义市场经济的高速发展，利益的多元化、人们观念和价值取向的多样性和差异性，使得青年教育面临的主要问题发生了改变，从单纯严肃的政治问题，向人们日常生活的思想问题、道德问题甚至是心理问题转变。为此，新时代青年教育必然由单纯的政治世界转向人的精神世界，更加注重精神、心灵沟通，塑造青年的思想和精神，实现青年的全面发展。首先，要“动之以情、施之以爱”，给青年以微笑、期待和赞许，给青年以理解、关怀和尊重，与青年进行直接的感情交流，做青年的知心朋友，营造民主平等、宽容和谐的教育氛围。其次，要把握青年的思想和情感需求，通过各种言行、情绪表现等分析其思想和情感发展方向，尽早开展情感沟通，防患于未然。特别是当青年出现一些反常的情绪和行为时，要有敏锐的洞察和警觉，及时进行情感沟通，疏导不良情绪，引导其尽快走出心理困境。最后，可在一些活动中增添能够对青年唤起情感共鸣、留下深刻印象、极具感染力的内容，突出青春主题和时代特色。

第二，以互动教育为基础。在网络信息技术迅猛发展的今天，新时代青年教育要从青年的成长背景出发，借助网络将思想引导、强化服务与解决实际困难相结合。青年教育是“双边协定”，不是“不平等条约”。那种“照本宣科”“满堂灌”“师云亦云”的教育，不再适合新时代青年教育的特点。要切实以青年为主体，综合运用专题式、互动式、研讨式、情景式、案例式等教育方式，在“参与”中实现互动，调动青年的积极性、主动性；在互动中实现“启发”，引导青年思考问题、体悟人生、感悟真理。

第三，以社会实践为依托。新时代青年教育不能仅拘泥于课本，要引导青年自觉参与社会实践活动，在实践中学习、感悟、体验、反思、修炼，用所学知识和理论去分析和判断现实问题的对与错，在复杂的社会生活中学会判断与选择，通过“知”“行”统一，端正自我品行、完善自我人格。通过社会实践活动，青年把自己身上已经赋予的潜在价值外化为显现的价值，将青年教育所蕴含的思想、政治、道德等内容外化为社会现实活动，从而实现社会对青年教育的价值期待，即在改造主观世界基础上的改造客观世界。

第三节　习近平总书记关于新时代青年坚定理想信念的重要论述

习近平总书记在十九大报告中深刻指出，青年一代有理想、有本领、有担当，国家就有前途，民族就有希望。青年的理想信念关乎国家未来。青年理想远大、信念坚定，是一个国家、一个民族无坚不摧的前进动力。新时代青年要不断增强政治认同、思想认同、理论认同、情感认同，始终坚定马克思主义信仰、共产主义远大理想、中国特色社会主义共同理想，在实现中华民族伟大复兴的征程上担当历史使命、放飞青春梦想。

一、新时代青年要坚持党的领导、增强政治认同，为坚定理想信念筑牢政治方向

“政治方向是党生存发展第一位的问题，事关党的前途命运和事业兴衰成败。”[①] 政治认同最根本的是对中国共产党领导和中国特色社会主义的认同。新时代青年要紧紧凝聚在党的周围，坚定不移听党话、跟党走，坚

① 习近平：《习近平谈治国理政（第3卷）》，北京：外文出版社2020年版，第93页。

定中国特色社会主义道路、理论、制度、文化自信，自觉把青春奋斗融入党和人民的事业之中，成长为拥护中国共产党领导和我国社会主义制度、立志为中国特色社会主义事业奋斗终身的有用人才。

（一）要始终坚持党的领导，弘扬伟大建党精神

我们党从成立起就把为共产主义、社会主义而奋斗确定为自己的纲领，把为中国人民谋幸福、为中华民族谋复兴确立为自己的初心使命，不断把为崇高理想奋斗的伟大实践推向前进，带领中国人民开辟了伟大道路、建立了伟大功业、铸就了伟大精神、积累了宝贵经验，创造了中华民族发展史、人类社会进步史上令人刮目相看的奇迹。新时代中国青年要加强党史学习，从党的非凡历程中领会中国共产党成立 100 年来中国特色社会主义取得的历史性成就、发生的历史性变革，深刻认识没有中国共产党，就没有新中国，就没有中华民族伟大复兴；深刻认识中国共产党领导是中国特色社会主义最本质的特征，是中国特色社会主义制度的最大优势，是党和国家的根本所在、命脉所在，是全国各族人民的利益所系、命运所系，在党的坚强领导下，继承、弘扬坚持真理、坚守理想，践行初心、担当使命，不怕牺牲、英勇斗争，对党忠诚、不负人民的伟大建党精神，沿着中国特色社会主义道路阔步前进。

（二）要把握中国特色社会主义制度优势，推进“中国之治”

中国特色社会主义制度是党和人民在长期实践探索中形成的科学制度体系，是人类制度文明史上的伟大创造，具有显著优越性和强大生命力。1951 年 10 月，毛泽东在全国政协一届三次会议的开会词中指出：“一切事实都证明：我们的人民民主专政的制度，较之资本主义国家的政治制度具有极大的优越性。在这种制度的基础上，我国人民能够发挥其无穷无尽的力量。这种力量，是任何敌人所不能战胜的。”① 改革开放初期，邓小平同

① 毛泽东：《毛泽东文集（第 6 卷）》，北京：人民出版社 1999 年版，第 184 页。

志指出："我们的党和人民浴血奋斗多年，建立了社会主义制度。尽管这个制度还不完善，又遭受了破坏，但是无论如何，社会主义制度总比弱肉强食、损人利己的资本主义制度好得多。我们的制度将一天天完善起来，它将吸收我们可以从世界各国吸收的进步因素，成为世界上最好的制度。这是资本主义所绝对不可能做到的。"① 实践证明，中国特色社会主义制度为政治稳定、经济发展、文化繁荣、民族团结、人民幸福、社会安宁、国家统一提供了有力保障，为经济快速发展、社会长期稳定两大奇迹的形成创造了良好的制度环境，同时，也为发展中国家走向现代化提供了全新选择，为人类探索建设更好社会制度贡献了中国智慧和中国方案。在这次抗击新冠肺炎疫情斗争中，"中国之治"与"西方之乱"的鲜明对比，更是彰显了中国特色社会主义制度的巨大优势，必须全面、深刻把握我们的制度优势，为"中国之治"贡献青春和力量。

（三）要坚定中国特色社会主义道路自信，走中国式现代化新道路

中国特色社会主义是党和人民历经千辛万苦、付出巨大代价取得的根本成就，是中国共产党带领中国人民历经千辛万苦、付出巨大代价找到的实现中华民族伟大复兴的唯一正确道路。这条道路是在马克思主义基本原理同中国具体实际相结合的实践中创造的中国式现代化新道路，是统筹推进"五位一体"总体布局、协调推进"四个全面"战略布局，物质文明、政治文明、精神文明、社会文明、生态文明协调发展，中国发展呈现出"风景这边独好"的局面，创造了人类文明新形态。我们要积极学习借鉴人类文明的一切有益成果，又必须坚定自信、保持定力，在自己选择的道路上昂首阔步走下去，把中国发展进步的命运牢牢掌握在自己手中。

---

① 邓小平：《邓小平文选（第2卷）》，北京：人民出版社1994年版，第337页。

二、新时代青年要站稳人民立场、增强思想认同，为坚定理想信念打牢思想根基

思想认同最主要的是站稳人民立场，铭记为民服务。真正懂得人民是历史的创造者，是真正的英雄，永远保持同人民群众的血肉联系，始终同人民想在一起、干在一起，风雨同舟、同甘共苦，为人民的美好生活、幸福生活而奋斗。

一是深刻把握人的全面发展理论。马克思主义的出发点和落脚点都是人，共产主义的最终目标就是要实现人的自由而全面的发展。《共产党宣言》指出："代替那存在着阶级和阶级对立的资产阶级旧社会的，将是这样一个联合体，在那里，每个人的自由发展是一切人的自由发展的条件。"① 我们党历来重视人的发展，强调人的发展与社会发展、与社会现代化的辩证统一。中国特色社会主义进入新时代，以习近平同志为核心的党中央坚持以人民为中心，更加重视促进人的全面发展和社会全面进步，推动实现物的不断丰富和人的全面发展相统一，反映了现代化的发展规律，丰富和发展了马克思主义人的全面发展理论。我们要始终坚持马克思主义的指导地位，坚持全体人民的共同富裕，坚持人的全面发展和社会全面进步，从理论和实践层面不断丰富和发展科学社会主义，继续推动科学社会主义焕发生机活力。

二是坚守"以人民为中心"的根本立场。"坚持人民性，就是要把实现好、维护好、发展好最广大人民根本利益作为出发点和落脚点，坚持以民为本、以人为本。"② 中国共产党根基在人民、血脉在人民、力量在人民。我们党始终代表最广大人民根本利益，与人民休戚与共、生死相依，没有任何自己特殊的利益，从来不代表任何利益集团、任何权势团体、任

① 马克思，恩格斯：《共产党宣言》，北京：人民出版社 2014 年版，第 51 页。

② 习近平：《习近平谈治国理政（第 1 卷）》，北京：外文出版社 2018 年版，第 154 页。

何特权阶层的利益。"我们必须把人民对美好生活的向往作为我们的奋斗目标，既解决实际问题又解决思想问题，更好强信心、聚民心、暖人心、筑同心。"[①] 我们党始终将为中国人民谋幸福、为中华民族谋复兴作为自己的初心和使命，把全心全意为人民服务的根本宗旨贯彻到党的一切活动中，坚持以人民为中心，建设为了人民、依靠人民、成果由人民共享的现代化。

三是自觉践行党的群众路线。党的群众路线开辟了马克思主义群众观的新境界，是我党的生命线和根本工作路线。"一个能够通过联系群众而得到巩固以进行坚持不懈的工作的党，一个能够组织本阶级先锋队的先进阶级的党，一个努力以社会民主党的精神去影响无产阶级每一个现实表现的先进阶级的党，是一定会取得胜利的。"[②] 广大人民群众是国家的主人，真正把群众观点和宗旨意识牢牢地树立在脑海中，尊重群众的主体地位和首创精神，把做好群众工作作为安身立命之本，始终站在人民群众的立场上想问题、作决策、办事情，不断提高工作本领，把群众评价作为衡量工作成效的标准和尺度。

三、新时代青年要强化理论武装、增强理论认同，为坚定理想信念夯实理论基础

理论认同最核心的是对马克思主义、中国特色社会主义理论特别是习近平新时代中国特色社会主义思想的认同。新时代青年要强化理论武装，在常学常新中加强理论修养，在真学真信中坚定理想信念，在学思践悟中牢记初心使命，共同把党的创新理论转化为推进新时代中国特色社会主义伟大事业的实践力量。

一要深入学习领会马克思主义基本原理。"中国共产党为什么能，中

---

① 习近平：《习近平谈治国理政（第3卷）》，北京：外文出版社2020年版，第311页。

② 《列宁全集（第17卷）》，北京：人民出版社1988年版，第339页。

国特色社会主义为什么好，归根到底是因为马克思主义行！"① "马克思主义在中国的广泛传播催生了中国共产党，马克思主义使我们党拥有了科学的世界观和方法论，拥有了认识世界、改造世界的强大思想武器。"② 马克思主义是我们立党立国的根本指导思想，是我们党的灵魂和旗帜，马克思主义基本原理是普遍真理，具有永恒的思想价值。要加强青年人的马克思主义基本理论学习，掌握辩证唯物主义和历史唯物主义基本原理，掌握马克思主义科学立场观点方法，深入认识共产党执政规律、社会主义建设规律、人类社会发展规律，树立正确的世界观、人生观、价值观，深入学习领会马克思主义是如何深刻改变中国、改变世界的，感悟马克思主义的真理力量和实践力量，提高马克思主义理论水平和运用能力，让真理武装头脑、指引理想、坚定信仰。

二要深入学习领会马克思主义中国化理论成果，特别是习近平新时代中国特色社会主义思想。"历史告诉我们，没有先进理论的指导，没有用先进理论武装起来的先进政党的领导，没有先进政党顺应历史潮流、勇担历史重任、敢于作出巨大牺牲，中国人民就无法打败压在自己头上的各种反动派，中华民族就无法改变被压迫、被奴役的命运，我们的国家就无法团结统一、在社会主义道路上走向繁荣富强。"③ 马克思主义是开放的包容的理论，马克思主义并没有结束真理，而是开辟了通向真理的道路。恩格斯早就说过，马克思的整个世界观不是教义，而是方法。它提供的不是现成的教条，而是进一步研究的出发点和供这种研究使用的方法。要深化对中国化马克思主义既一脉相承又与时俱进的理论品质的认识，特别是要结合党的十八大以来党和国家事业取得历史性成就、发生历史性变革的进程，深刻学习领会习近平新时代中国特色社会主义思想，深刻认识其时代意义、理论意义、实践意义、世界意义，深刻理解其核心要义、精神实

---

① 习近平：《中共中央政治局第三十一次集体学习并发表重要讲话》，2021 年 6 月 26 日。

② 习近平：《中共中央政治局第三十一次集体学习并发表重要讲话》，2021 年 6 月 26 日。

③ 习近平：《习近平在庆祝中国共产党成立 95 周年大会上的讲话》，北京：人民出版社 2016 年版，第 4 页。

质、丰富内涵、实践要求，多思多想、学深悟透，知其然又知其所以然，坚持不懈用党的创新理论最新成果武装头脑、指导实践，真正做到学、思、用贯通，知、信、行统一。

四、新时代青年要厚植爱国情怀、增强情感认同，为坚定理想信念提供精神支撑

情感认同最关键的是培育爱国主义精神。爱国，是人世间最深层、最持久的情感，是一个人立德之源、立功之本，是把青年自己的理想同祖国前途、把自己的人生同民族命运紧密联系在一起，扎根人民，奉献国家。列宁曾讲："没有人的情感，就从来没有也不可能有人对真理的追求。"① 新时代青年要热爱祖国，切实增强作为中国人的志气、骨气、底气，把自己的小我融入祖国的大我、人民的大我之中，与时代同步伐、与人民共命运，成为中华民族伟大复兴的先锋力量。

第一，热爱祖国是立身之本、成才之基。爱国主义精神是我们民族精神的核心，是中华民族团结奋斗、自强不息的精神纽带。孙中山先生说，做人最大的事情，就是要知道怎么样爱国。一个人不爱国，甚至欺骗祖国、背叛祖国，那在自己的国家、在世界上都是很丢脸的，也是没有立足之地的。毛泽东在《湘江评论》创刊词中这样发问："天下者，我们的天下；国家者，我们的国家；社会者，我们的社会。我们不说，谁说？我们不干，谁干？"习近平总书记在纪念五四运动100周年大会上指出，对每一个中国人来说，爱国是本分，也是职责，是心之所系、情之所归。对新时代中国青年来说，热爱祖国是立身之本、成才之基。要胸怀忧国忧民之心、爱国爱民之情，不断奉献祖国、奉献人民，以一生的真情投入、一辈子的顽强奋斗来体现爱国主义情怀。

第二，坚持爱国和爱党、爱社会主义高度统一。爱国主义是具体的、

---

① 列宁：《列宁全集（第5卷）》，北京：人民出版社1986年版，第117页。

现实的。在当代中国，坚持党的领导，坚持和发展新时代中国特色社会主义，全面建成社会主义现代化强国，是所有中国人的奋斗目标，当然也就是爱国主义的时代主题。我国的爱国主义始终围绕着实现民族富强、人民幸福而发展，最终汇流于中国特色社会主义。祖国的命运和党的命运、社会主义的命运是密不可分的。只有坚持爱国和爱党、爱社会主义相统一，爱国主义才是鲜活的、真实的，这是当代中国爱国主义精神最重要的体现。新时代青年既要让爱国情感在心里深深扎根，又要付诸行动，将对党、对国家、对社会主义的无限热爱体现在每件小事上，为实现祖国发展繁荣、实现中华民族伟大复兴的中国梦不懈奋斗。

第三，自觉践行社会主义核心价值观。人无德不立，品德是为人之本。止于至善，是中华民族始终不变的人格追求。新时代青年要把正确的道德认知、自觉的道德养成、积极的道德实践紧密结合起来，不断修身立德，打牢道德根基。要自觉树立和践行社会主义核心价值观，善于从中华民族传统美德中汲取道德滋养，从英雄人物和时代楷模的身上感受道德风范，从自身内省中提升道德修为，明大德、守公德、严私德，自觉抵制拜金主义、享乐主义、极端个人主义、历史虚无主义等错误思想，从中找到人生真谛、生命价值、事业方向，在弘扬和践行社会主义核心价值观中勤学、修德、明辨、笃实，爱国、励志、求真、力行，同人民一起奋斗，同人民一起前进，同人民一起梦想，用一生来践行跟党走的理想追求。

第二章　新时代高职院校大学生理想信念教育现状分析

第一节　当前高职院校大学生理想信念教育的现状及问题

理想信念教育是当代高职院校大学生思想政治教育工作的核心内容，在全国高校思想政治工作会议中，习近平总书记指出："高校思想政治工作关系高校培养什么样的人、如何培养人以及为谁培养人这个根本问题。要坚持把立德树人作为中心环节，把思想政治工作贯穿教育教学全过程，实现全程育人、全方位育人，努力开创我国高等教育事业发展新局面。"[①] 新时代高职院校大学生思想意识并未完全形成，在这样的关键时期树立正确的理想信念，将会对今后的成长和发展起到重要作用。

一、当前高职院校大学生理想信念教育的现状

理想信念教育在高职院校具有重要地位，随着党和国家的重视，各个

① 习近平：《把思想政治工作贯穿教育教学全过程 开创我国高等教育事业发展新局面》，2016 - 12 - 09，http：//dangjian. people. com. cn/n1/2016/1209/c117092 - 28936962. html。

高职院校开展了形式多样的教育实践活动，进行了一系列的创新与改革，对高职院校大学生理想信念的建立起到了推动作用。本节将以北京某所高职院校大学生理想信念教育现状调查问卷数据为依据进行统计分析。

（一）调查问卷的设计

本调研问卷共分为三大部分。第一部分为大学生个人特征，主要包括性别、年龄、专业、所在年级、政治面貌等。第二部分为理想信念现状部分，包括人生目标、为理想而努力奋斗的主要目的、对共产主义远大理想的看法、入党动机、对“全面建设社会主义现代化国家”所持的态度、实现个人理想的重要条件等。第三部分为对当前理想信念教育情况的调查，包括当前接受理想信念教育的途径、制约大学生党员理想信念教育水平的重要原因、面临的主要挑战等。

（二）调查对象的基本情况

本次共回收有效问卷468份，在468份有效问卷中，男生占37.82%，女生占62.18%，男女比例较为合理。调研样本的政治面貌情况是，中共党员占1.28%，预备党员占12.61%，入党积极分子占18.8%，共青团员占38.46%，群众占28.85%。从专业类别情况来看，会计专业学生占40.81%，工商管理专业学生占10.04%，金融专业学生占19.44%，旅游与艺术专业学生占14.32%，建筑工程管理专业学生占11.75%，学前教育专业学生占3.63%。

（三）调查问卷结果分析

1. 新时代高职院校大学生有信仰

在问到“您信仰马克思主义吗”的问题时，75.64%的学生回答是“信仰”，13.25%的学生回答是“不信仰”，11.11%的学生回答是“不了解马克思主义”。问到“您对于最终实现共产主义远大理想的态度”的问题时，50.64%的学生回答是“绝对能实现”，40.81%的学生回答是“基本能实现”，4.7%的学生回答是“讲不清楚”，3.85%的学生回答是“很大可能不能实现”。

在问到“您认为大学生坚守崇高的理想信念重要程度”的问题时，69.23%的学生回答是“非常重要”，18.59%的学生回答是“一般”，10.04%的学生回答是“有时重要”，2.14%的学生回答是“不清楚”。问到“您认同‘理想信念是人的精神之钙’吗”的问题时，73.85%的学生回答是“非常认同”，26.15%的学生回答是“认同”，没有人回答“不认同”。

可见，大多数高职院校大学生信仰马克思主义，并且认为最终可以实现共产主义远大理想。仅有个别少数大学生对共产主义理想能否实现存在观望态度或不关心的态度。

2. 新时代高职院校大学生有人生目标

在问到“您的人生目标”的问题时，82.05%的学生认为是“满意的工作、幸福的家庭、坦荡做人”，76.07%的学生认为是“追求真理，在为国家和社会做贡献中创造出有价值的人生”，41.67%的学生认为是“生活安乐，与世无争”，21.15%的学生认为是“随遇而安”，19.66%的学生认为是“追求物质享受”。

在问到“您为目标而努力奋斗的主要目的”的问题时，85.04%的学生认为是“实现自身的价值”，68.59%的学生认为是“感恩父母，回报家庭”，67.09%的学生认为是“为社会、国家的长远发展贡献力量”，61.75%的学生认为是“追求更高的物质享受和精神需求”，8.55%的学生认为是“其他”。问到“您认为实现个人目标的重要条件”时，94.02%的学生认为是“个人努力与意志”，71.58%的学生认为是“机会和运气”，52.35%的学生认为是“国家政策”，40.38%的学生认为是“经济形势”，20.09%的学生认为是“出身决定一切”。

可见，高职院校大学生普遍都具有积极健康的人生目标，希望通过自身努力奋斗实现个人价值、贡献社会、回报家庭。值得注意的是，也有超过半数的大学生物质欲望较强，把人生目标与物质享受等联系在一起。

3. 新时代高职院校大学生有短期理想

在问到“您有理想吗”的问题时，48.08%的学生回答“有短期理想，已按规划在执行”，26.92%的学生回答“有长远理想，一直为之努力争取实现”，13.89%的学生回答“有短期理想，但是没有去实施”，8.76%的学生回答“有长远理想，仅凭感觉前行”，2.35%的学生认为是“追求物质享受”。问到“您确立理想的依据”的问题时，62.82%的学生认为是“根据个人的兴趣”，33.76%的学生认为是“当前社会的需要”，2.78%的学生认为是“依照长辈的期望”，0.64%的学生认为是“跟随他人的想法”。

在问到“当您的个人理想和社会理想冲突时，你会如何选择”的问题时，74.57%的学生认为要“具体问题具体分析”，17.31%的学生认为“个人理想要服从社会理想”，5.13%的学生认为要“以个人理想为主”，2.99%的学生“不知道”。

可见，绝大多数高职院校大学生有个人理想，但树立理想大多从个人兴趣出发，在个人理想与社会理想发生矛盾时，考虑个人利益较多，还需要进一步引导，将个人理想与社会理想紧密结合。

4. 新时代高职院校大学生坚定拥护中国共产党的领导

在问到“大学期间是否想入党”的问题时，86.1%的学生回答是“是，但还没有加入”，10.92%的学生回答是“没有”，2.98%的学生回答是“是，并且已经入党”。问到“您入党的主要动机”的问题时，79.27%的学生认为是“为他人和社会多做贡献”，76.5%的学生认为是“严格要求自己，有利于自己早日成长”，75.43%的学生认为是“信仰共产主义”，51.28%的学生认为是“为使自己活得充实而寻找一种精神寄托”，33.12%的学生认为是“对毕业找工作有好处”。

在问到“您对‘全面建设社会主义现代化国家’所持的态度”的问题时，84.62%的学生回答是“非常有信心”，15.38%的学生回答是“有信心”，75.43%的学生认为是“信仰共产主义”，没人回答“没信心”。

可见，高职院校大学生积极拥护中国共产党的领导，对国家的建设发展充满信心，入党动机端正，愿意为党的事业而奋斗。但调查结果也显示，有少数学生是出于找工作等功利性目的而愿意入党。

5. 新时代高职院校大学生基本认可当前高校的理想信念教育

在问到“您认为当前理想信念教育效果如何”的问题时，59.4%的学生回答是“很好”，35.68%的学生回答是“一般”，2.35%的学生认为是“微乎其微”，2.56%的学生回答是“没有效果”。在问到“您主要通过什么途径接受理想信念教育”的问题时，77.99%的学生选择“教育实践活动”，60.47%的学生选择“思政课”，56.2%的学生选择“互联网新媒体”，54.27%的学生选择“自身主动吸收内化”，41.45%的学生选择“报纸、广播等大众传媒”。

可见，高职院校理想信念教育的效果还需进一步加强，理想信念教育的途径还需进一步丰富，理想信念教育的内容还需进一步深化。

6. 制约新时代高职院校大学生理想信念教育水平的原因及挑战

在问到“制约大学生理想信念教育水平的重要原因”的问题时，60.04%的学生选择“国内外不良价值观念或现象的消极影响”，55.98%的学生选择“大学生党员自我教育的缺失”，34.4%的学生选择“缺少对大学生党员的监督管理”，32.69%的学生选择“媒体对舆论的正向引领作用发挥不够”，20.73%的学生选择“高校教育的力度不够”。

在问到“大学生理想信念教育面临的主要挑战”的问题时，54.7%的学生认为是“教育方式或途径单一”，47.22%的学生认为是“教育内容枯燥不合实际”，47.01%的学生认为是“大学生的主观能动性发挥不够”，28.21%的学生认为是“高校、社会、家庭教育合力效果不佳”，27.56%

的学生认为是"教育者的综合素质有待提高"，24.79%的学生认为是"网络信息的传播产生负面作用"。

可见，多元文化和多元价值观念对高职院校大学生的理想信念产生了冲击，大学生的理想信念一定程度上受互联网等新媒体舆论的影响，他们对教育者有较高期待和要求。因此，高职院校应加大理想信念教育力度，增强高校、社会和家庭的教育合力作用。

二、当前高职院校大学生理想信念教育的问题

新时代高职院校大学生理想信念状况总体是好的，衷心拥护党的领导，对实现中华民族伟大复兴充满信心和期待，主流价值观积极向上，反映出高职院校在理想信念教育方面取得了一定成效。但时代在发展，各种思潮日益泛滥，调查结果也暴露出高职院校的理想信念教育还存在一些问题，具体体现在以下几个方面：

（一）高校党组织对思想政治工作的领导有待加强

高职院校党组织对思想政治工作领导不足，主要表现在对高等教育立德树人总体要求的把握不足，对相关师资配比、思想政治工作基本制度、保障措施等工作要求落实不到位，对思想政治工作途径与方式的丰富运用能力不足，对师生思想政治问题的预判能力和危机处理能力有待提高。

高职院校的思想政治理论课对大学生的针对性不强。思想政治课程讲授难度大，抽象而宏观，相对空泛化。思想政治理论课要结合时政、贴近学生，创新形式开展教育教学，这对教师知识水平和综合能力提出了非常高的要求。

增强思想政治理论课的思想性、理论性、亲和力和针对性，是全国思想政治课建设的共同课题和目标。在职业教育领域，思想政治理论课更应在亲和力和针对性上下足功夫，加强大学生思想政治全面发展进步

的实效性，切实在大学生现实问题、发展困惑上提升思想政治理论课实效。解决高职院校思想政治课课程建设、教师团队、教育教学等方面的问题，发挥思想政治课程在思想政治教育、理想信念教育主渠道、主阵地的主要作用。加强思想政治理论课建设，不容忽视对高职院校的思想政治课统一管理指导和服务工作，避免条块分割和部门分割而造成的管理服务真空。

（二）高校理想信念教育途径有待丰富，实效性有待提升

高职院校大学生接受理想信念教育主要是依托思想政治理论课程，但是课堂时间毕竟有限，深化理想信念还需要形式多样的实践活动作为支撑。科学的理想信念教育应是“理论学习—社会实践—经验总结—理论学习”这样的一个循环往复的过程。而当前高职院校教育模式基本上是教师消化理解，再把自己理解的知识通过课堂传授给学生，对大学生理想信念的实践教育相对薄弱，不能较好地满足大学生的需求。

在部分高职院校思想政治工作中，客观存在着以现实化为借口矮化理想信念教育的现象，部分学生工作者将生活理想和职业理想作为理想信念教育的主要甚至是全部内容。在形式上更多的是依靠理论宣讲和先进人物事迹学习，缺乏广泛和有效的教育途径与方法。特别在当前社会多元文化冲击和整体富足生活的总体影响下，理想信念教育在效果层面的难度有所增大。对大学生开展的社会主义核心价值观教育内容较单一，形式趋于贫乏，仍旧仅仅停留在校园内有标语、墙上有张贴、活动有挂名、图片有主题等基本宣传认知层面，偏向形式主义，没有现实意义，对大学生的感染力和影响力较低，很难深入到大学生内心深处，没有认识到或者尚缺乏能力做到贴近学生、内容深化、形式创新，社会主义核心价值观教育的深层效果难以显现，没有起到真正的教育引领思想的作用。

理想信念教育实践活动多以集体活动为主，比如先进人物事迹报告会、寒暑期社会实践走访、企业实训等，大学生表面上积极参与实践活动，但实际上对于实践活动开展的意义理解不到位，只是被动地参与这些

活动，流于形式，缺少对于大学生的个体辅导，不能解决部分大学生理想信念中的个性问题。

（三）高职院校大学生职业素养整体水平偏低，综合能力有待提升

现阶段高职院校大学生的职业素养与党和国家对职业教育大学生应具备的职业素养之间尚且存在较大的差距。当前高职院校在技能和知识层面的教育效果状况相对较好。但是，在职业信念和职业道德层面，比如正面积极的职业心态、良好的职业道德、正确的职业价值观意识，以及在职业行为习惯层面，职业教育总体力不从心。因此，需要从高职院校、行业、企业等多个方面协同合作，加大合力，提升效果。

此外，高职院校在校大学生的最大压力来自求职就业，最需要解决的困惑是未来职业发展方向和发展目标。大学生普遍较关注个人发展，希望实现个人价值，但大学生自身是尚缺乏寻求职业方向和职业目标的能力，高职院校职业生涯规划教育和职业认知教育还不能满足大学生的要求，需要进一步加强。因此，应加大开设职业生涯规划和职业认知方面的课程，提高授课教师的专业知识和专业素养，帮助大学生确立职业奋斗目标，尽早为大学生明确职业规划和成才路径。

在现有高职院校招生体制下，相当部分高职院校学生的行为习惯与人才培养目标之间存在较大的偏差。日常行为习惯普遍欠佳，多数大学生在个人生活领域缺乏良好的自律自理习惯，在人际交往领域部分大学生欠缺基本的礼仪礼貌习惯。如遵守课堂纪律、控制注意力、自觉学业意识等方面均存在较大偏差。在部分高职院校，大学生甚至是毕业年级的大学生依然缺乏对职业行为习惯的认知和养成，家庭教育对行为习惯和道德礼仪影响较大，良好行为习惯的养成和道德礼仪的教育急需加强。

（四）高职院校大学生纪律意识相对淡薄，集体主义精神有待加强

高职院校大学生的法治意识在认可、崇尚、遵守和服从四个层面上存在较大的提升空间。主要表现为对个人权利的盲目崇尚，对法治规则的遵

守和服从尚需惩戒与外力作用，尚不能习惯性发自内心地建立纪律意识。大学生强烈的个人维权意识与相对简单的法治思维和维权途径形成鲜明对比。

高职院校大学生较为普遍地存在集体主义精神和团队意识不强，对集体主义和团队意识的理解偏于狭隘，对集体活动参与热情不高，对团队合作的重要性认识不足，对基本合作能力缺乏必要培养和训练。建立健全德技并修的育人机制，加强集体主义精神和团队意识培养是落实好立德树人的重要任务。

第二节 新时代高职院校大学生理想信念教育的影响因素分析

习近平总书记始终把“理想信念”作为“灵魂”在落实立德树人根本任务中加以强调。党的十八大以来，提出了诸如“理想指引人生方向，信念决定事业成败。没有理想信念，就会导致精神上‘缺钙’”“青年一代有理想、有担当，国家就有前途，民族就有希望，实现我们的发展目标就有源源不断的强大力量”“广大青年一定要坚定理想信念”等一系列新论断新理念。在党的十九大报告中，习近平总书记进一步强调“广泛开展理想信念教育，深化中国特色社会主义和中国梦宣传教育，弘扬民族精神和时代精神”“培育和践行社会主义核心价值观”，引导青年“有理想、有本领、有担当”，更好地“构筑中国精神、中国价值和中国力量”。可见，不论从与青年座谈会到与师生座谈会，从全国性工作会议到党的全国代表大会，习近平总书记都会把理想信念教育作为“灵魂”和首要任务加以明确和强调，揭示了理想信念教育对培育和践行社会主义核心价值观、培育和弘扬中国精神的强基固本功能，明确了理想信念铸魂作为立德树人关键环节的重要作用。

新时代高职院校大学生生活在经济高速发展、科学技术突飞猛进、综合国力日益强大、国际地位显著提高的社会主义新时代，他们视野开阔、见识宽广，面对的国际国内环境也复杂多变，其理想信念教育的成效取决于多种因素，既有来自社会、学校和家庭的影响，也取决于自身的认知，具体主要体现在以下几个方面：

一、社会因素

社会环境是人类生存发展的基本环境，也是人们成长生活的必要基础。根据北京某所高职院校“新时代大学生理想信念教育现状调查问卷”的统计结果显示，在问到“制约大学生党员理想信念教育水平的重要原因”问题时，60.04%的学生选择的是“国内外不良价值观念或现象的消极影响”。在问到“影响您筑牢理想信念根基的主要因素”的问题时，59.83%的学生选择的是“社会环境”，可见，社会环境对新时代高职院校大学生理想信念的影响很大，良好的社会环境将有利于其理想信念的形成。

（一）积极影响

从总体上说，现实社会环境对新时代高职院校大学生理想信念的影响是积极的。新时代大学生在成长过程中，物质生活方面基本告别了物资短缺，不仅物质商品越来越丰富，而且商品的质量也越来越高；社会生活方面，人与人之间的平等、尊重、民主权利等越来越得到保障；在政治建设方面，民主政治建设也日益取得成效。物质保障、权利保障、制度保障都在朝着良好有序的方向发展，为他们的成长提供了一个安全、稳定和发展的环境。因此，他们从内心深处对中国特色社会主义道路认同和追随，赞同以人民为中心的发展思想，对党执政兴国能力给予肯定，认可党的服务宗旨。全面深化改革使新时代大学生对中国特色社会主义发展更有信心，全面推进依法治国使其对政府更有信心，全面从严治党使其对中国共产党更有信心，大力继承和弘扬中华民族优秀传统文化使其对社会主义道德建设更有信心。

如今，在中国共产党的领导下，沿着中国特色社会主义的道路不断前进，中国已经成为世界多极化发展中不可小觑的一极，综合国力、经济实力大幅上升，国际地位也空前提升。特别是党的十八大以来，以习近平同志为核心的党中央在对外交往和涉外事件中的积极态度，进一步提升了我国负责任有担当的大国形象。新时代高职院校大学生见证了社会主义中国的开放包容和自信，从中体会到了新时期中国外交的全球视野，中国作为新兴大国在国际舞台的生机活力。随着国际地位的提升，新时代高职院校大学生普遍增强了自豪感、自信心和民族自尊心，坚定了中国特色社会主义理想信念，坚定了永远跟党走的信念，坚定了马克思主义信仰。

（二）消极影响

随着我国改革开放的不断深入，社会经济、政治、文化生活也发生了深刻的变化。在发展和完善社会主义市场经济体制的过程中，市场体制的自主性和效益性，充分肯定了社会主体获取自身利益的合理性，极大地调动了人们的积极性、主动性和创造性。但同时，市场主体把追求利益最大化作为目的，使人们的物欲、财欲也空前膨胀，导致了人们理想信念的物质化、金钱化、欲望化。人们对物质的追求日益突出，而精神追求趋向淡化。拜金主义、个人主义、享乐主义、功利主义等不良风气在社会蔓延。有部分人抵不住物质和金钱的诱惑，最终丧失了政治信仰和精神信仰。新时代高职院校大学生接受新知识新事物较快，这些变化深刻地影响着他们的价值观念和理想信念。市场经济带来的“消费主义”，盲目追求“品质”“流行”和“时尚”，正以隐蔽的方式迷惑控制着新时代大学生，造成了他们开始进行炫耀性消费、攀比消费、“面子”消费、赶潮消费等。[①] 这种消费主义倾向侵蚀、破坏着新时代高职院校大学生的理想信念，使他们的价

① 康许培：《浅析大学生理想信念形成的原因及对策》，《河北软件职业技学院学报》，2015年第2期。

值追求出现了个人化、功利化、享乐化倾向。

浮躁功利的社会现实影响着新时代大学生对未来的信心。校园欺凌、黑恶势力等社会问题挑战着他们的思想道德底线，反映了浮躁功利的社会中存在风气不正、价值取向扭曲等问题。再加上，城乡区域发展差距和居民收入分配差距，社会阶层结构加速分化，社会矛盾叠加交织，社会主义法律制度体系有待完善，执法队伍素质有待提高等。这些在一定程度上遮盖了社会发展的主流态势，使他们在理想信念的形成中不能正确地把握改革开放的整体和局部、长远和眼前的辩证关系，继而动摇自己的理想信念。

二、学校因素

学校承载着为国家、社会培养合格接班人的重任，新时代高职院校大学生在学校学习思想政治相关理论、形势政策及专业知识，提高辨别是非观念的能力，认清自身的社会责任，树立正确的理想信念。根据北京某所高职院校"新时代大学生理想信念教育现状调查问卷"的统计结果显示，在问到"影响您筑牢理想信念根基的主要因素"问题时，44.44%的学生选择的是"学校"。在问到"您主要通过什么途径接受理想信念教育"的问题时，60.47%的学生选择的是"思政课"。可见，学校是影响新时代高职院校大学生理想信念的重要因素。

（一）积极影响

当前高职院校大学生思想政治理论教育主要通过开设的五门课程开展，具体包括：思想道德修养与法律基础、马克思主义基本原理、毛泽东思想、习近平新时代中国特色社会主义思想和形势与政策。这五门课程作为所有高职院校大学生的必修课对他们进行系统思想政治理论教育，理解和坚定中国特色社会主义理想具有重要意义。一是引导新时代高职院校大学生树立正确的政治立场、政治方向；二是帮助新时代高职院校大学生树立坚定的政治信仰；三是增强新时代高职院校大学生的政治敏锐度和政治鉴别力；四是帮助新时代高职院校大学生增强政治定力，使其在思想上、政治上、行动上，排除干扰、抵抗诱惑、消除困惑、坚定信念[①]；五是使新时代高职院校大学生拥有强烈的使命感和责任感，立志为中国特色社会主义事业奋斗终身，为实现中华民族伟大复兴而不懈奋斗。

同时，校园文化环境在新时代高职院校大学生树立正确理想信念方面也发挥着积极作用。当前高职院校都非常重视校园文化环境的建设。校园雕塑，对于培养新时代大学生高尚的情趣、良好的修养具有积极意义；全员育人观念日益深入人心；校园宣传工作从广播站、新闻网到官方微博、微信公众号等，实时进行思想教育引导。学校党校作为培养马克思主义者的阵地，发挥着越来越大的作用。党校授课教师的授课内容和导向非常明确，即帮助受教育者确立和坚定中国特色社会主义理想信念。入党积极分子教育、发展对象教育、预备党员教育等各个层次的教育从课程设置到考核都经过精心设计，有助于他们更好地理解和掌握理论知识。

（二）消极影响

目前高职院校一般以思想政治理论课课堂教学作为高校理想信念教育的主要教育途径，对新时代高职院校大学生进行思想政治教育的形式较单调，针对性不强，依然是以说教为主，日常教育不断淡化，缺少对大学生的人文关怀，更缺少针对大学生个体进行的差异性教育。理想信念教育的素材大多取自各种讲话读本、文件汇编、典型事例，附上教材上编辑好的理想信念基础知识，内容较空洞、抽象，缺乏紧密联系现实生活的意识，没有从大学生的实际出发，和他们的生活环境、时代背景、自身特点没有

① 张园晓：《新时代大学生理想信念影响因素研究》，北京外国语大学硕士学位论文，2020 年。

有机结合起来①，缺乏吸引力，加之大学生缺少亲身体验与感悟理想信念的机会，很难引发他们的共鸣。而且讲授内容也没有结合现实生活中出现的种种不良风气，使新时代大学生不能够及时发现自身问题，一定程度上受到拜金主义、个人主义、享乐主义和功利主义的影响，由此导致新时代大学生理想信念教育的效果不明显。更有部分从事思想政治工作的教师综合素质有待提高，自身对职业的认同感不高，上课经验和技巧不足，难以对实际问题进行分析教育，这些都降低了新时代高职院校大学生理想信念教育的成效。

根据北京某所高职院校“新时代大学生理想信念教育现状调查问卷”的统计结果显示，在问到“您主要通过什么途径接受理想信念教育”的问题时，77.99%的学生选择的是“教育实践活动”，但事实上，学校开展的理想信念实践教育较少，远不能满足新时代高职院校大学生的需求。有些高职院校重视大学生党员、学生骨干的党性教育，更多地组织大学生党员、学生骨干进行理想信念实践教育活动，忽视了大部分普通大学生参与理想信念实践教育的重要性。由于理想信念教育资源分配的不均衡，导致多数普通大学生接受理想信念实践教育机会较少。在校园中开展的实践活动往往更多地流于形式，普通大学生参与的积极性不高，理想信念教育效果不理想，未能充分发挥实效。

三、家庭因素

家庭是新时代高职院校大学生成长最亲密的环境，父母是孩子的第一任老师，家庭直接影响大学生的性格形成、习惯养成，对新时代大学生理想信念有着润物细无声而又根深蒂固的影响。根据北京某所高职院校“新时代大学生理想信念教育现状调查问卷”的统计结果显示，在问到“影响

---

① 丁玉龙，杨稚毅：《影响大学生理想信念培育的因素思考》，《辽宁医学院学报（社会科学版）》，2016年第3期。

您筑牢理想信念根基的主要因素”的问题时，76.92%的学生选择的是“家庭”，可见，家庭因素对新时代高职院校大学生理想信念的形成和巩固起到至关重要的作用。一个人最初的价值观就是在家庭中产生的[①]，家庭成员的受教育程度及自身的思想品德素质对大学生理想信念的形成有着深远的影响。

（一）积极影响

家庭总是希望把孩子培养成为对社会有用的人，因此，从总体上看，家庭对新时代高职院校大学生理想信念教育的影响是积极和正向的。家庭成员的言传身教，榜样的示范性、传承性是家庭教育的主要特征。大学生所在家庭的核心人物对社会现实的看法也会影响整个家庭对社会现实的看法，这些观点在大学生时期就开始逐渐显现，发生影响并固化下来。积极健康的家庭教育，良好的家风、家教有利于新时代高职院校大学生树立崇高的理想，建立正确的道德观念。

（二）消极影响

在现代社会，人们生活水平越来越高，对物质的要求也日益增多，住大房子、开豪华车、出国出境游、消费国际奢侈产品等，家长在家庭中的这些消费行为和对物质金钱的态度直接影响着新时代高职院校大学生的理念信念。一个崇尚勤俭持家、自立奋斗的家庭环境和一个重视物质生活、追求享受享乐的家庭环境培养出的大学生的价值观肯定截然不同。整个家庭的价值观念对于孩子的健康成长有着重要的影响，尤其是其对未来生活的规划和对未来家庭伴侣的期望以及对坚定信念的需求。

在应试教育的背景下，家长在教育孩子的过程中，显得现实而功利，往往会不自觉地用成绩来衡量孩子学习的成果。他们督促孩子好好学习，

① 陈思：《论当代大学生理想信念的影响因素及现状分析》，《重庆科技学院学报（社会科学版）》，2011年第2期。

大多是为了将来考上好的大学，有了敲门砖，才能拥有好工作，得到高收入，有了高收入才能过上幸福的生活。这种逻辑思维将金钱的多少作为幸福生活的标准，工作是寻求高薪，生活是为了物质享受。长期这样引导影响，会使大学生逐渐表现出一定的功利性与攀比性，做任何事情都只会考虑到自身利益的得失，不能将个人利益融入社会利益之中，不能很好地为社会做贡献。还有一些家长过分溺爱孩子，使孩子从小养成了唯我独尊的思想，凡事以自我为中心，很难与同学、他人融洽相处，一切都从自身利益出发，缺乏奉献和包容，不懂得换位思考，而且依赖性强，解决实际问题的能力不高，这些都直接造成其思想和理想信念出现偏差。

四、个人因素

大学阶段是人生成长过程中世界观、人生观、价值观形成的关键时期，其心理正在逐步趋向成熟，在实际学习和生活中，学业与情感、理想与现实常常给他们带来困惑，内心充满矛盾，对理想信念的确立处于思考和探索之中。根据北京某所高职院校“新时代大学生理想信念教育现状调查问卷”的统计结果显示，在问到“影响您筑牢理想信念根基的主要因素”的问题时，78.63%的学生选择的是“自身”，占比最高，可见，新时代高职院校大学生自身的生活、学习也影响其自身理想信念教育的成效。

（一）积极影响

新时代高职院校大学生思想主流积极、健康、向上。他们坚决拥护党的领导，拥护社会主义制度，认同中国特色社会主义道路，对实现中华民族伟大复兴的中国梦充满信心。他们思想开放、包容，乐观向上，接受新事物的能力较强，敢于创新，在大是大非面前能够保持清醒的头脑，在抗击新冠肺炎疫情的过程中表现出了新时代青年大学生的社会责任感和担当精神。

（二）消极影响

新时代高职院校大学生处在成长阶段，其心理素质、认知水平还没有完全成熟，他们情绪敏感，心理易动荡，容易受到周边环境和他人朋友的影响。对于有些社会事件与社会问题，不能独立分析，极易受到迷惑和鼓动，辨别能力不足，从而动摇、改变甚至否定自己已经树立的理想信念。而且大学生活不同于以往的学习生活，需要大学生具有高度的自律意识，养成良好的个人习惯。有些大学生自控能力较差，对自身发展毫无规划，浑浑噩噩过日子，打游戏、上网等，开启了放纵式的学习和生活模式，精神世界非常空虚，在一定程度上影响了大学生理想信念教育的实效。

第三节　新时代高职院校大学生理想信念教育面临的挑战

习近平总书记反复强调，理想信念坚定，骨头就会硬，没有理想信念，或理想信念不坚定，精神上就会“缺钙”，就会得“软骨病”。理想信念是人们的政治立场和世界观在奋斗目标上的集中体现，是人们心灵世界的核心，在人生发展道路中发挥着重要作用。大学生这个重要的青年群体是引领社会风尚的代表，高校是思想文化的高地。高校大学生能否树立良好的理想信念，是中华民族在未来国际竞争中能否立于不败之地的关键。

当今社会，国际国内环境日趋复杂多变，经济全球化的浪潮、多元文化的冲突对抗和科学技术的快速发展、信息社会的虚拟流变，给人们的世界观、人生观和价值观都增添了新的元素。高职院校大学生对复杂的世界尚未形成是非分明的正确价值观，应对不良思潮的抵抗力和免疫力较差、缺乏辨别意识，因此极易受外界环境影响，给高职院校大学生的理想信念教育带来了严峻的挑战。

一、经济全球化浪潮给高职院校大学生理想信念教育带来的挑战

经济全球化、知识化、信息化，给世界带来了日新月异的变化，全球化的深入发展不仅极大地改变了人们的生产方式、消费方式和交换方式，而且还带来了思想文化、道德价值观念的碰撞与变化。新时代高职院校大学生是伴随着我国逐步参与全球化的进程成长起来的，经济全球化浪潮的影响就像一只无形的手一样渗透到大学生生活成长的方方面面，冲击着大学生的理想信念。

（一）经济全球化浪潮削弱了新时代高职院校大学生的爱国主义情感

随着经济全球化深入发展，世界各国在政治、经济、社会和文化等方面相互影响和渗透，建立了更加紧密的相互依存关系。全球的经济链条密切联系，牵一发而动全身，市场经济引起的价格危机、金融危机、能源危机等很快传到世界各国。与此同时，一些超越国家和地区界限的全球性问题，比如极端天气、环境污染、资源短缺、传染病频发、宗教冲突、战争和恐怖主义等变得更加复杂和严峻，直接威胁着整个人类的生存和发展。面对全球性问题，任何国家都无法独善其身，更加需要全球力量合作携手应对，正如2013年3月习近平总书记在莫斯科国际关系学院的演讲中指出的，"各国相互联系、相互依存的程度空前加深，人类生活在同一个地球村里，生活在历史和现实交汇的同一个时空里，越来越成为你中有我、我中有你的命运共同体"①。伴随着建立人类命运共同体的价值理念逐渐深入人心，新时代高职院校大学生对国家、民族界限的认知弱化了。

---

① 习近平：《国家主席习近平在莫斯科国际关系学院的演讲》，2013－03－24，http：//www.gov.cn/ldhd/2013－03/24/content_2360829.html。

再加上经济全球化的过程本身就是世界各国资源共同配置的过程，在该过程中世界各国的各类资源越来越具有全球性，民族性和地域性越来越少。经济全球化为实现全球资源最佳配置，必然就要打破国家与国家之间的壁垒，尽可能地实现各类资源配置与利用的全球化。为了最大程度的实现资源配置的最优化，一切国家、民族经济的自我保护都降到了最低，跨国公司就是最好的例子①，它就冲破了地域和国界的限制，模糊了人才所具有的国别意识。经济全球化使各类资源世界通用，仿佛各类资源都无国界属性。新时代高职院校大学生享受着经济全球化带来的种种便利，足不出户即可购遍全球好物，无论出国旅游、走亲访友、留学访问都畅通无阻。在投资方面，富裕起来的中国人也把眼光扩展到全球，投资海外事业，国家的界限被悄然淡化。这就进一步模糊了新时代高职院校大学生的国界意识，忽略了在此过程中对国家利益的维护，削弱了他们的爱国主义情感。

（二）经济全球化浪潮冲击着新时代高职院校大学生的政治信仰

经济全球化给我国发展带来了机遇，使我国登上了经济发展的高速列车。改革开放四十多年以来，经济全球化使我国与外界的联系不断加深，加快了对外开放的步伐。信息产业的迅速发展，使整个地球村更好地利用先进的科技、丰富的共享资源，使我国产业与国际接轨，促进了经济增长方式由粗放型向集约型转变。我国经济发展进入新常态，经济增长由高速增长向中高速增长，经济结构更加优化，资源经过一系列整合得到了更加有效的利用。国与国之间的贸易往来更加频繁。新时代大学生生活在全球化的背景之下，切身感受和享受着国际贸易带来的便利。

全球化带来的经济腾飞逐渐掩盖了各国在意识形态领域的较量和渗透。事实上意识形态领域的斗争不仅没有消失，而且更加尖锐和复杂，甚

① 张园晓：《新时代大学生理想信念影响因素研究》，北京外国语大学硕士学位论文，2020年。

至有愈演愈烈之势。当前，西方资本主义国家在经济全球化过程中仍占据主导地位，并且凭借着强劲的经济实力、科学技术、文化传播力等，通过各种方式有意识地模糊意识形态间的差别，以更加隐蔽的方式对外进行意识形态输出与渗透。通过跨国公司、国际贸易、文化产品，输出资产阶级普世价值观、超越一切的绝对自由与平等、人权高于主权等资本主义意识形态，不断对社会主义意识形态进行渗透甚至同化。① 新时代青年大学生的世界观、人生观、价值观还没有完全定型，极易受到迷惑，弱化其政治信仰。

（三）经济全球化浪潮造成了新时代高职院校大学生对拜金主义的盲目推崇

经济全球化带来了资本在全球范围内流动，带来了全球范围内生产力的快速发展和经济繁荣。具体表现：一是资本通过自身力量改变了人们的生活环境，促进了生产力的快速发展；二是资本所要求和携带的生产规则、市场秩序、价值理念、思想文化也在悄然改变着人们的价值观念。在新时代大学生眼中，资本可以使经济迅速繁荣，也可以使经济萎靡不振，还可以通过金融衍生品实现“以钱生钱”，有钱的人过着奢华的生活，资本的作用被无限放大，金钱被看成是万能的。这些现象恰恰与国内市场经济体制的消极影响叠加到一起，他们被这种表面现象所迷惑，盲目推崇拜金主义。

首先，新时代高职院校大学生夸大了金钱的作用。在资本的流动过程中，他们往往更多地看到的是资本和金钱的威力，认为金钱可以主宰一切，有钱就能享受到全世界奢华的生活，有钱就代表拥有成功至上的社会地位，把追求金钱作为人生的最高目标，以至于产生了“宁可在宝马车上哭，也不在自行车上笑”的社会现象。其次，新时代高职院校大学生扭曲

---

① 田永静：《21 世纪大学生理想信念影响因素研究》，北京交通大学博士学位论文，2017年。

了对金钱本质的认识。金钱本是服务社会生活、服务人类发展的工具，他们忽视金钱的工具性，把金钱当成目标，把钱的多少作为人生成功与否的衡量标准，为了金钱利益可以不择手段，不惜牺牲道德和法律以达到目的，甚至出现了为了获取金钱最终走上犯罪的道路的案例。

二、多元文化的冲突给新时代高职院校大学生理想信念教育带来的挑战

当代的中国是个开放的中国，这为新时代高职院校大学生接触外部世界创造了更多的便利条件。随着改革开放的不断深入，我国市场经济蓬勃发展，西方大量思潮持续涌入，引起了人们思想领域的剧烈变动，也使新时代大学生的价值取向变得多元化，对他们的理想信念带来了一定的冲击。

（一）多元文化的冲突弱化了新时代高职院校大学生的主流意识形态

意识形态是与一定社会的经济和政治直接相联系的观念、观点、概念的总和，包括政治法律思想、道德、文学艺术、宗教、哲学和其他社会科学等意识形式。主流意识形态是指一定时期内一个社会占主导地位的意识形态。我国是社会主义国家，马克思主义是社会主义意识形态的旗帜和灵魂，是社会主义社会的主流意识形态。随着经济全球化日益深入，文化多元不可避免。不同的文化倡导不同的生活方式，灌输不同的价值理念，中西方文化、传统与现代文化的对抗与冲突势必会直接冲击我们的主流意识形态——马克思主义。

外来文化带来了非主流意识形态，如自由主义学说、普世价值理论、历史虚无主义思潮、新自由主义等意识形态，直接影响着新时代高职院校大学生的理想信念。比如，新自由主义片面强调市场的作用，反对政府的干预，而我国在中国社会主义市场经济下，生产资料公有制的建立和发展，既为宏观调控提供了强大的物质基础，又能更好地协调社会各个方面的利益关系，这是中国特色社会主义市场经济的一大优势。历史

虚无主义则违背了实事求是的原则，否认文化根据，妄图推翻历史，走资本主义道路。新时代高职院校大学生处在思想急剧变化、缺乏社会实践经验、辨别能力较低、缺乏长远眼光的阶段，易于受到非主流意识形态的影响，进而弱化对主流意识形态的认同，动摇对马克思主义理想信念的坚定性。

（二）多元文化的冲突影响着新时代高职院校大学生对中华传统文化的认同感

习近平总书记在在北京大学师生座谈会讲道："中华优秀传统文化已经成为中华民族的基因，植根在中国人的内心，潜移默化影响着中国人的思维方式和行为方式。今天，我们提倡和弘扬社会主义核心价值观，必须从中汲取丰富营养，否则就不会有生命力和影响力。"① 党的十八大以来，以习近平同志为核心的党中央高度重视中华优秀传统文化的传承发展，始终从中华民族最深沉精神追求的深度看待优秀传统文化，从国家战略资源的高度继承优秀传统文化，从推动中华民族现代化进程的角度创新发展优秀传统文化，使之成为实现"两个一百年"奋斗目标和中华民族伟大复兴中国梦的根本性力量。新时代大学生应把社会主义核心价值观作为自己的基本遵循，并身体力行大力将其推广到全社会去。

然而当今中国的国际化程度不断提高，在对外开放不断扩大、中国逐渐融入世界的同时，西方文化也和中国传统文化造成了碰撞。西方文化中过度强调个人利益，忽略集体利益，容易使新时代大学生理想信念淡薄，自我意识增强。他们开始着眼于讲求个人价值的实现，个人权利的保障，出现极端个人主义现象。还有部分大学生越来越依赖物质的满足，把车、房、钱作为人生成功的标志，显露出新时代大学生理想信念的功利性。如果新时代大学生只计较个人得失，只关心自己是否富裕、是否幸福、是否

---

① 习近平：《习近平在北京大学师生座谈会上的讲话》，2018 - 05 - 03，http：//politics.people.com.cn/n1/2018/0503/c1024 - 29961468.html。

快乐，那么祖国的未来又从何谈起。道德沦丧、崇洋媚外、精神世界庸俗化倾向的大量出现，直接冲击着我国艰苦奋斗传统美德和社会主义核心价值体系中的集体主义观，严重影响着新时代高职院校大学生对中华传统文化的认同感。

（三）宗教在新时代高职院校大学生中蔓延传播

近期，根据北京某所高职院校关于"新时代大学生理想信念教育现状调查问卷"统计结果显示，在问到"您认为大学生信仰宗教的意义"的问题时，42.93%的学生认为是"能帮助摆脱心理上的困境，减轻压力"，33.25%的学生认为是"精神有所寄托"，6.45%的学生认为是"可以更好地处理与周围人之间的关系"。可见，宗教正在通过多种方式影响着新时代高职院校大学生。

当前我国贫富差距拉大，社会矛盾凸显，生活节奏加快，人们的心理压力普遍增大，这在客观上为宗教的传播提供了机会。尤其是青年大学生，他们的人生观、价值观、世界观还没有完全稳定，更容易受到宗教传播的影响。

三、信息技术的高速发展给新时代高职院校大学生理想信念教育带来的挑战

信息技术的高速发展已经融入新时代高职院校大学生的日常生活，成为他们生活中的重要组成部分。高职院校大学生获取信息的渠道和方式多元便捷，大量信息可以在瞬间到达，给大学生理想信念教育带来了丰富的内容和便捷的载体，实现了师生之间信息共享、互动沟通的便捷化。同时，信息技术的发展，促进经济结构调整，催生了一大批新兴行业与职业，为新时代高职院校大学生就业提供了更多选择。但任何事物都有其两面性，在信息技术给人们学习与生活带来种种便利的同时，也给新时代高职院校大学生带来了各种网络安全问题，大量错误、迷惑

性的信息对大学生造成误导，使其理想信念教育的主导性受到了新的挑战。

（一）互联网给新时代高职院校大学生带来各种网络安全问题

2020年9月，中国互联网络信息中心（CNNIC）在北京发布了第46次《中国互联网络发展状况统计报告》，报告显示：截至2020年6月，我国网民规模已经达到9.40亿，相当于全球网民的五分之一；互联网普及率为67.0%，约高于全球平均水平5个百分点。我国网民的人均每周上网时长为28小时，手机网民用户为9.32亿，占到全体网民总数的99.2%。手机网络游戏用户规模达5.4亿，占手机网民的57.5%。在网民群体中，学生最多，占比为23.7%。[①] 可见，互联网已经成为新时代大学生的生活方式，渗透到他们社会生活的方方面面，对新时代高职院校大学生理想信念的确立影响深远。

近几年来，网络电信诈骗案件频繁发生，大学生网络安全意识较差、社会生活经验不足，花样新奇、防不胜防的电信诈骗使大学生人身财产安全受到很大威胁，遇到网络安全问题的伤害更大。由于计算机病毒传播、黑客攻击、恶意软件入侵等，大学生个人信息被泄露的事件层出不穷，给他们的经济生活造成严重损失。大学生网络犯罪数量也日趋上升，个别大学生利用互联网进行欺诈交易、财产盗窃、建立淫秽网站、散布反动言论等，危害国家公共安全。面对这些风险和挑战，新时代高职院校大学生要提高辨别真伪和抵御诱惑的能力，选择积极健康向上的学习内容，坚定自身理想信念，成为有理想有本领有担当的时代新人。

（二）虚拟空间冲击了新时代高职院校大学生的正常生活方式

网络世界是一个虚拟的世界，微信、微博、QQ等社交新媒体技术的

---

① 网信办：《第46次〈中国互联网络发展状况统计报告〉》，2020－09－29，http：//www.gov.cn/xinwen/2020－09/29/content_5548176.html。

广泛应用改变了新时代高职院校大学生与他人、与世界的关联方式，减少了他们与朋友和家人的见面时间，减少了户外活动。他们时常沉浸在虚拟的世界中，人际沟通交流的方式常常以“线上”代替“线下”，交流语言以“文字、表情、符号”代替“口语”，长此以往，人际交往能力有所退化，人际关系开始萎缩，自身性格也变得孤僻，严重危害了新时代大学生的身心健康，影响着他们对现实社会的认识。

大学生的校园生活环境相对自由，没有了以前的升学压力，再加上没有父母、老师的监管，部分自控能力较弱的学生沉迷于网络游戏、网络聊天、网络恋爱中，对他们树立正确的理想信念产生负面影响。尤其是网络游戏，个别大学生频繁“刷夜”，日夜沉迷于网络游戏之中，缺乏精神支柱，产生“网瘾”，不可自拔，不仅严重睡眠不足，影响了正常的学习生活，而且对个人的理想信念造成了极大侵蚀。

（三）新媒体传播给新时代高职院校大学生带来了不当引导

根据北京某所高职院校“新时代大学生理想信念教育现状调查问卷”的统计结果显示，在问到“您主要通过什么途径接受理想信念教育”的问题时，56.2%的学生选择的是“互联网新媒体”。当前新媒体传播快速、扁平、无屏障，对新时代高职院校大学生的信息选择辨别能力提出了更高要求，对大量信息不加选择、不会选择，必然会给大学生理想信念的确定带来不当引导。

首先，网络信息犹如万花筒，不仅充满着积极向上的各种能量，同时也流通着一些落后和消极的思想。西方敌对势力利用新媒体超越国界、畅通无阻的宣传，加强对我国青年大学生意识形态的渗透，消融理想信念教育的正面教育效果。同时，在新媒体环境下，鱼龙混杂的各类信息缺乏层层过滤和监管，存在各种思想、价值观念，如果还没有完全成熟的大学生过分依赖新媒体，就会对其有负面影响。正是在这种良莠不齐的网络信息混淆下，部分大学生在理想信念的形成过程中表现出消极的态度。

其次，新媒体庸俗化、舆论负面化误导着新时代大学生的价值取向。[①]当前各种媒体发展迅速、竞争激烈。为了获得更高的收视率、迎合观众，有些媒体播出了一些庸俗化、娱乐化的节目和广告，炒作明星趣事，误导着大学生的价值观念。有的节目中还夹杂着拜金主义、个人主义、享乐主义、功利主义等大量有害思想，有的充斥着黄色、暴力，大学生在其中飘荡、迷茫，造成思想认识上的混乱和消磨。网络中主流消息偏少，面对信息技术给当前理想信念教育的挑战，新媒体更应承担起社会责任，大力宣传与传播社会主义核心价值观，积极推出发生在身边的先进典型鲜活故事，提升主流价值观在社会上的普及程度，营造积极健康向上的舆论氛围，用主流理想信念引领新时代高职院校大学生将自己的青春投身于社会主义现代化建设事业中去，实现中华民族的伟大复兴。

① 曾星星：《新媒体视域下大学生理想信念教育面临的机遇与挑战》，《新疆社科论坛》2019年第4期。

第三章　坚定新时代高职院校大学生理想信念教育的途径

第一节　明确新时代高职院校大学生理想信念教育的新要求

“未来属于青年，希望寄予青年。”习近平总书记在 2021 年“七一”重要讲话中对青年寄予厚望。实现中华民族伟大复兴的中国梦，是时代赋予青年的重任和使命。大学生作为青年中的绝对主力，要牢固树立与新时代同心同向的理想信念，励志勤学、刻苦磨炼、接续奋斗，勇于承担起新时代赋予的责任与使命。当前高职院校大学生的数量已经占据了在校大学生的半壁江山，作为大学生群体的重要组成部分，其主要肩负着学习职业技术和生产实践能力的重任，所以他们的理想信念不仅直接决定了自身的职业生涯发展和高职院校的人才培养效果，而且对国家的发展和社会的进步有更深远的影响。

一、新时代高职院校大学生理想信念的内涵及重要性

（一）理想信念的内涵

要想深入理解理想信念的深刻内涵，我们首先要理解何谓理想、何谓信念。本书中所阐述的理想，它作为一种精神现象，是人类社会实践的产物，就是指人们所信仰、所向往、所追求的奋斗目标，它是人生目的的直接反应，是人生价值的客观表现，是人类不断进步的强大动力；理想是人们在实践中形成的、有实现可能性的，对未来社会和自身发展目标的向往与追求，是人们的世界观、人生观和价值观在奋斗目标上的集中体现。人们在改造客观世界和主观世界的实践活动中，既追求眼前的生产生活目标，渴望满足眼前的物质和精神需求，又憧憬未来的生产生活目标，期盼满足未来的物质和精神需求。理想是多方面和多类型的，根据不同的标准，可以分为个人理想和社会理想，近期理想和远期理想，生活理想、职业理想、道德理想和政治理想等。

本书中所阐述的信念，它也是人类特有的精神现象，是指人们在一定的认识基础上确立的对某种思想或事物坚信不疑并身体力行的精神状态。信念是认知、情感和意志的有机统一体，为人们矢志不渝、百折不挠地追求理想目标提供了强大的精神动力。信念因其执着而称之为信念，信念一旦形成，就不会轻易改变。不同的人由于社会环境、思想观念、利益需要、人生经历和性格特征等方面的差异，会形成不同的信念，同时一个人在社会实践中会形成不同类型和层次的信念，并由此构成其信念体系。在信念体系中，高层次的信念决定低层次的信念，低层次的信念服从高层次的信念。信仰是最高层次的信念，具有最大的统摄力。信仰有盲目和科学之分。盲目的信仰就是对虚幻的世界、不切实际的观念、荒谬的理论等对象的迷信和狂热崇拜，科学的信仰则来自人们对自然界和人类社会发展规律的正确认识。

从上面的分析我们可以看出，在人的精神世界中，理想和信念总是相互依存的，不可分割的。理想是信念所指的对象，信念则是理想实现的保障。离开理想这个人们确信和追求的目标，信念无从产生；离开信念这种对奋斗目标的执着向往和追求，理想也寸步难行。从这个意义上讲，理想和信念难以分割地紧密联系在一起，形成一个整体存在于人们的精神世界中。也正因如此，人们常将理想与信念合称为“理想信念”。所以，本书中所阐述的理想信念是人类特有的精神现象，属于上层建筑的范畴。在现实生活中，人既需要物质资料来实现生存和发展，也需要理想信念来充实精神生活。用正确而坚定的理想信念做支撑，激励指引人们为了一定的社会理想和生活目标而不断地努力追求。

（二）新时代高职院校大学生坚定理想信念的重要性

大学生的人才培养质量关乎国家发展、关乎民族未来，为此，中共中央、国务院于2019年10月14日重新发布了《关于进一步加强和改进大学生思想政治教育的意见》，强调大学生是十分宝贵的人才资源，是民族的希望，是祖国的未来。加强和改进大学生思想政治教育，提高他们的思想政治素质，把他们培养成中国特色社会主义事业的建设者和接班人，对于全面实施科教兴国和人才强国战略，确保我国在激烈的国际竞争中始终立于不败之地，确保实现全面建设小康社会、加快推进社会主义现代化的宏伟目标，确保中国特色社会主义事业兴旺发达、后继有人，具有重大而深远的战略意义。把理想信念教育作为大学生思想政治教育的核心，就是要通过理想信念教育的途径，来帮助大学生获得积极、健康、向上的价值观和精神态度，进而成为一名德智体美劳全面发展的社会主义合格建设者和可靠接班人。

新时代高职院校大学生的思想状况总体上是积极向上的，但部分学生仍不同程度存在理想信念模糊、价值取向扭曲、诚信意识淡薄、社会责任感缺乏等问题，富有成效的理想信念教育可谓正当其时，大学生可以从理想信念教育中领悟到十分丰富深刻的道理。高职院校通过形式多样的教育形式教育引导青年学生坚定理想信念，通过系统深入的学习教育活动持续深化爱国主义教育，以学习党史、新中国史、改革开放史、社会主义发展史为主线，引导广大青年学生不断坚定理想信念，传承红色基因，以自觉行动干出一番无愧于时代和人民的事业。

1. 杜绝“软骨病”最有效的手段

我们知道如果没有理想信念，就会导致精神上“缺钙”。一个人精神上“缺钙”就会表现为容易精神空虚甚至陷入精神荒漠，既不可能感受精神生活的丰满充实，更不可能承担时代所赋予的历史重任。大学生是国家未来建设的主力军，是国家的希望，民族的未来。大学生正处于人生发展的关键期，为了杜绝大学生患“软骨病”，需加强行之有效的理想信念教育，把理想信念的“钙”经常补、补充足。崇高的理想信念根植于大学生的头脑中，不仅可以丰富大学生的精神世界，更加关乎中华民族的未来。

新时代高职院校大学生只要牢固树立了坚定的理想信念，站位就高了，眼界就宽了，心胸就开阔了，就能坚持正确政治方向，在胜利和顺境时不骄傲不急躁，在困难和逆境时不消沉不动摇，经受住各种风险和困难考验，自觉抵御各种腐朽思想的侵蚀，永葆新时代中国特色社会主义青年的本色和担当。

无论从生源数量上还是人才培养质量上，高职院校大学生都是我国新时代各项事业的中坚力量。高职院校大学生在实现中华民族伟大复兴的中国梦中有举足轻重的作用，他们的理想信念是否正确影响着社会的发展方向，所以对其进行理想信念教育至关重要。目前，大部分高职院校大学生在思想上是追求进取的，但也有一些让人忧心的方面，比如说有些学生缺乏理想信念或者不明确，甚至功利化，理想信念教育缺乏实践性等，这些都影响着他们树立远大的理想信念。他们处在新时代的环境下，面对多元化的思想环境，很容易受到一些不良思想的影响。因此，我们要把高职院校大学生作为理想信念教育的重中之重。

2. 坚定中国制度自信的必然要求

习近平总书记说过：“我们最大的优势是我国社会主义制度能够集中力量办大事。这是我们成就事业的重要法宝。”① 中国特色社会主义制度展现出了明显的优势，给了我们无穷的力量。比如说“火神山”“雷神山”医院的建立、千万名医务工作者吹响集结号勇敢逆行一线，全国步调一致，上下一盘棋，展现的中国力量、中国速度、中国奇迹、中国精神再一次证明了中国制度的优越性。对青年大学生进行理想信念教育，让其正确认识和体会中国特色社会主义制度展现出的优势，让他们在经历中学习成长，在经历中对中国特色社会主义制度满怀信心，激励他们积极为治理体系建设做贡献，奉献才智和力量，在为国家做出贡献的同时实现自己的人生价值。

3. 弘扬中国精神的时代要求

理想信念是指引中华民族奋斗前进的精神力量。对高职院校大学生来说，坚定而明确的理想信念是指引大学生前进的灯塔。没有远大的理想信念，青年大学生很容易迷失方向，离梦想越来越远。高职院校大学生作为未来的接班人，如果个人理想信念迷失，当国家和人民需要他们的时候如何承担起社会责任呢？比如，当这次抗疫过程中，很多“90 后”“00 后”青年勇敢“逆行”，在防疫一线，他们不惧艰险，街头巷尾、村头楼前，成为最热情的志愿者；在抗疫前线，他们秉持医者仁心，成为这个时代最美的“白衣天使”，不负时代，不负青春。但与此同时，也有个别青年大学生在疫情突发之时，缺乏明辨是非的能力，受到谣言的蛊惑，不够坚定、不够乐观，在网络上散步一些不当言论，因此要加强理想信念教育，

① 习近平：《在参加全国政协十二届一次会议科协、科技界委员联组讨论时的讲话》，2013 年 3 月 4 日，https：//www. xuexi. cn/lgpage/detail/index. html？id = 14750664607282452210&amp；i-tem_ id = 14750664607282452210。

以中国精神指引他们树立远大的理想信念，激励他们不断提升自己，增强建设祖国、服务人民的本领，无论将来他们从事什么样的职业，他们一定会将个人的奋斗目标同国家的发展方向结合起来。中国目前进入发展的转型期和改革的深水区，面临的风险和挑战是前所未有的，更需要我们大力弘扬中国精神，引导青年大学生在实现自身梦想的同时，团结一心，为实现共同理想而共同奋斗。

二、新时代高职院校大学生理想信念的新要求

如上所述，理想信念就是人的志向。古人说："志之所趋，无远勿届，穷山距海，不能限也。志之所向，无坚不入，锐兵精甲，不能御也。"意思是说，志存高远的人，再遥远的地方也能达到，再坚固的东西也能突破。纵观历史，在革命、建设、改革各个历史时期，有无数共产党员为了党和人民事业英勇牺牲，支撑他们奋勇向前、不惧牺牲的就是"革命理想高于天"的精神力量。

习近平总书记多次强调坚守理想信念对共产党人，对广大青年的重要意义。坚定共产党人的理想信念，坚守共产党人的精神追求，始终是共产党人安身立命的根本。对马克思主义的信仰，对社会主义和共产主义的信念，是共产党人的政治灵魂，是共产党人经受住任何考验的精神支柱。形象地说，理想信念就是共产党人精神上的"钙"，没有理想信念，理想信念不坚定，精神上就会"缺钙"，就会得"软骨病"。① 缺乏理想信念的共产党人会得"软骨病"，对于广大青年大学生也一样，如果缺乏理想信念，精神上同样也会"缺钙"，也会得"软骨病"。对于堪当时代重任的新时代青年而言，得上"软骨病"将无法负重前行，无法担负起建设社会主义现代化强国和实现中华民族伟大复兴的重任，从这个意义上而言，新时代广大青年一定要坚定理想信念才能勇担时代责任。中国梦是全国各族人民的

① 习近平：《习近平谈治国理政（第1卷）》，北京：外文出版社2018年版，第15页。

共同理想，也是新时代青年一代应该牢固树立的远大理想。中国特色社会主义是我们党带领人民历经千辛万苦找到的实现中国梦的正确道路，也是广大青年应该牢固确立的人生信念。

找准精神之“钙”就是要坚定理想信念，这只是问题的提出，解决问题的关键不仅在于强调大学生理想信念教育的重要性，更重要的是在于我们如何有效实现大学生理想信念教育，增强大学生的获得感，提升大学生的时代感，为此，高职院校大学生理想信念教育需要呼应时代。人是在具体时代之中生存发展，受时代影响，同时影响时代。当前中国特色社会主义已经进入新时代。十九大报告明确指出，这个时代，是承前启后、继往开来、在新的历史条件下继续夺取中国特色社会主义伟大胜利的时代，是决胜全面建成小康社会、进而全面建设社会主义现代化强国的时代，是全国各族人民团结奋斗、不断创造美好生活、逐步实现全体人民共同富裕的时代，是全体中华儿女勠力同心、奋力实现中华民族伟大复兴中国梦的时代，是我国日益走近世界舞台中央、不断为人类做出更大贡献的时代。鉴于此，有必要基于新时代全新的历史方位，探讨新时代大学生理想信念教育的新要求。这对增加大学生理想信念教育的实效性具有重要的理论和实践意义。

党和国家历来都高度重视大学生的理想信念教育工作，为我国发展培养了一批又一批理想信念坚定的社会主义建设者和接班人。党的十九大报告指出，青年兴则国家兴，青年强则国家强。青年一代有理想、有本领、有担当，国家就有前途，民族就有希望。可见，在新时代背景下党和国家依然非常重视青年包括大学生的理想信念教育工作。而新时代有着新要求。因此，新时代大学生理想信念教育要根据党和国家的新要求不断提升教育的针对性和实效性，引导新时代大学生树立科学的理想信念，成为有理想、有本领、有担当的时代新人。

1. 以习近平新时代中国特色社会主义思想为指导，坚定马克思主义信仰与共产主义理想信念

习近平新时代中国特色社会主义思想是马克思主义中国化最新成果，

是全党全国人民为实现中华民族伟大复兴而奋斗的行动指南，是党和国家开展各项工作的指导思想。新时代高职院校大学生理想信念教育要以习近平新时代中国特色社会主义思想为指导，强化高职院校大学生的马克思主义信仰与共产主义理想信念，这是确保新时代高职院校大学生理想信念教育的社会主义性质和方向的根本保障，也是马克思主义理论的本质要求。

2. 深化社会主义核心价值观和中国梦教育，培养担当民族复兴大任的时代新人

为了适应世情、国情、党情的新变化，满足国家、社会、民族的现实需要，新时代高职院校大学生理想信念教育需要不断深化社会主义核心价值观和中国梦宣传教育，努力培养勇于担当民族复兴大任的时代新人。在新时代，大学生的理想信念教育不断深化社会主义核心价值观宣传教育，不仅是国家和社会发展需求的现实要求，也是为了更好地满足大学生全面发展诉求。只有充分发挥社会主义核心价值观在新时代大学生确立科学理想信念过程中的引领作用，引导大学生树立正确的价值追求，才能使新时代大学生处理好个人价值和国家社会价值、个人理想与社会理想之间的关系，更好地培育和践行社会主义核心价值观。

3. 坚持"四个服务"，坚定中国特色社会主义共同理想信念

在2016年的全国高校思想政治工作会议上，习近平指出，我国高等教育发展方向要同我国发展的现实目标和未来方向紧密联系在一起，为人民服务，为中国共产党治国理政服务，为巩固和发展中国特色社会主义制度服务，为改革开放和社会主义现代化建设服务。新时代高职院校大学生理想信念教育必然也要同我国发展的现实目标与未来方向同向而行，贯彻落实党的教育方针，始终坚持习近平总书记提出的"四个服务"。当前我国的现实目标是建设社会主义现代化强国、实现中华民族伟大复兴的中国梦。未来方向是坚定不移走中国特色社会主义道路，不断深化改革和解决社会主要矛盾，不断为人民谋幸福、为民族谋复兴和发展。新时代高职院

校大学生理想信念教育要不断创新发展，切实提升实效性，使新时代高职院校大学生坚定马克思主义信仰，增强“四个自信”，树立中国特色社会主义共同理想和共产主义远大理想，为建设社会主义现代化和实现中华民族伟大复兴而不懈奋斗。坚持“四个服务”就是坚持社会主义办学方向，培养有理想、有担当、有本领的时代新人。

第二节 建立完善新时代高职院校大学生理想信念教育的制度体系

习近平总书记指出：“心有所信，方能行远。面向未来，走好新时代的长征路，我们更需要坚定理想信念、矢志拼搏奋斗。”① 习近平总书记的重要论述，指明了坚定理想信念对于走好新时代长征路的重要意义。加强青年理想信念教育，构建完善的新时代高职院校大学生理想信念教育的制度体系，就是要引导广大青年用初心砥砺信仰、用理论坚定信念、用实践增强信心，努力成为担当民族复兴大任的时代新人。

新时代高职院校大学生理想信念教育本质上其实是引导大学生“跟谁走”“走什么样的道路”和“用什么样的精神状态走”“朝着什么样的目标走”的问题，为此在构建新时代高职院校理想信念教育的制度体系过程中就要遵循高等职业教育发展规律、人才培养规律，因事、因时、因势创新发展新时代高职院校大学生理想信念教育，加强顶层设计和宏观筹划，逐一破解新时代高职院校大学生理想信念教育面临的新课题，不断促进其创新发展，按照新时代高职院校大学生理想信念教育基本工作要求，创新发展新时代高职院校大学生理想信念教育，增强针对性、提升实效性。从

① 习近平：《给复旦大学〈共产党宣言〉展示馆党员志愿服务队全体队员的回信》，2020 年 6 月 27 日，https：//www. xuexi. cn/lgpage/detail/index. html? id = 12602019440434105245& item_ id = 12602019440434105245。

高等职业教育的实际情况出发，遵循新时代高职院校大学生的身心特点，在加强课程建设，深化理论研究，创新教学模式，发挥职业教育工学结合、校企合作的优势，不断加大社会实践力度等多方面、多角度上下功夫。

一、准确把握新时代高职院校大学生理想信念教育制度设计遵循的教育理念

新时代高职院校大学生理想信念教育要积极主动对标新时代国家的发展要求，对标新时代职业教育的发展要求，坚持与时俱进与时代发展同步，坚持创新发展与职业进步同行，以更高远的历史站位、更宽广的国际视野、更深邃的战略眼光进一步更新教育理念，拓展教育内容，创新教育方式方法，引导新时代高职院校大学生树立科学的、符合社会发展主题、高等职业教育发展需要的理想信念。理想信念教育制度设计的理念与其他教育理念发展规律一致，它也是历史的、动态的、发展的概念，这就要求新时代大学生理想信念教育理念采取“综合式”发展的理念。具体而言就是高职院校在树立大学生理想信念的过程中，要坚持民族性与世界性相统一的教育理念，即秉持人类命运共同体的理念，教育引导新时代高职院校大学生不仅要为中华民族伟大复兴而不懈奋斗，还要树立人类命运共同体意识，为解决全人类的共同问题贡献中国高职院校大学生的集体智慧和团体力量；要坚持理论性与实践性相统一的教育理念，促进新时代高职院校大学生将理想信念教育内化于心、外显于行，做到知行合一；要坚持整体育人与个性发展、行业发展与个人成才相结合的教育理念，共同引导新时代高职院校大学生树立正确的理想信念。

（一）民族性与世界性相统一的教育理念

新时代高职院校大学生理想信念教育要坚持民族性与世界性相统一的教育理念。不仅要培养担当民族复兴大任的时代新人，更要培养担当人类

命运共同体建设的国际化人才，两者存在内在的统一性。一方面，培养担当民族复兴大任的时代新人是新时代高职院校大学生理想信念教育民族性的重要体现。引导新时代高职院校大学生树立中华民族共同体意识、树立中国特色社会主义共同理想和共产主义远大理想体现了新时代高职院校大学生理想信念教育的民族性特征的教育理念。因此，新时代高职院校大学生理想信念教育的根本任务就是培养社会主义建设者和接班人、培养勇于担当民族复兴大任的时代新人。另一方面，新时代高职院校大学生理想信念教育要有国际视野和世界眼光。“国际化的发展有助于引导大学生树立自强意识、爱国意识，培养世界眼光、全球思维，客观推动着大学生理想信念教育，极大地提升了大学生思想政治素质。”① 随着我国全方位对外开放的不断深化发展，新时代大学生要借鉴国际先进教育理念，在增强新时代大学生民族意识的同时顺应全球化发展趋势，树立世界性的教育理念，培养更多国际化人才。通过培养国际化人才来促进我国综合国力和国际地位的提升，共同致力于人类命运共同体的建设，为世界各国梦想的实现和化解全球性挑战贡献中国智慧与力量。总之，民族性与世界性的教育理念是相统一的。民族性教育理念是中国特色社会主义开展大学生理想信念教育的核心理念之一；树立世界性教育理念是时代发展大势以及世情、国情、党情的不断变化对新时代大学生理想信念教育的新要求。因此，民族性与世界性的教育理念不是对立的而是统一的，中华民族的伟大复兴能够促进世界不断发展，而世界的进步需要各国人民共同努力和奋斗，共同创造人类世界文明。

（二）理论性与实践性相统一的教育理念

众所周知，高等职业教育最突出的特点之一就是它的实践性，而理想信念教育的诸多内容都是具有先天的理论性，在推动新时代高职院校大学生理想信念教育实践中要通过制度设计实现高职特色与理论要求的有机统

① 黄蓉生：《论国际化背景下大学生理想信念教育》，《高校理论战线》2011 年第 4 期。

一，同时在制度设计的过程中更应该遵循理论性与实践性的有机统一，可以说二者的统一融合不仅是教育遵循更是教育目标。高职院校大学生理想信念教育坚持理论性与实践性相统一的教育理念，就是坚持理论育人与实践育人相结合，不仅要以科学理论培养人，更要突出高等职业教育特色，坚持理论联系实际，促进新时代高职院校大学生理想信念的知行合一。“理想信念不仅是一个思想认识问题，更是一个实践问题，理想信念教育是一个知、情、意、行互相渗透、互相促进的过程。”① 广大高职院校的教师一方面要通过深入浅出的方式讲清楚理论，实现以科学理论培养大学生的目标，同时要将理想信念教育的内容融入职业教育的实践、实训、实习的全过程中，实现将理想信念的这把“盐”有机地融入高等职业教育实践教学的这桶“水”中，让学生在如饥似渴的求学过程中，畅饮理想信念这杯水，实现“解渴”“管用”的教学目标。这就要求广大教师要做到：一方面，要不断深化理论研究，讲清讲深讲透马克思主义理论以及马克思主义中国化理论的内在逻辑性和科学性，优化理论内容形式，贴近新时代高职院校大学生实际生活，增强理论的说服力和感染力。另一方面，要不断提升实践育人水平，利用各种教育资源增强教育的实践性，在实践中引导新时代高职院校大学生树立科学的理想信念。引导新时代高职院校大学生在实践、认识、再实践、再认识的循环往复过程中树立科学的理想信念。总之，新时代高职院校大学生理想信念教育理论性和实践性的教育理念不是对立而是统一的，实践离不开理论，理论离不开实践，二者相互影响，缺一不可，持理论性和实践性相统一的教育理念，坚持理论育人和实践育人相结合，促进新时代大学生知行合一。

（三）整体育人与个性发展相结合的教育理念

《关于进一步加强和改进大学生思想政治教育的意见》明确提出：“坚

① 李少斐：《社会主义理想信念教育方法、方式再探讨》，北京：社会科学文献出版社 2016 年版，第 7 页。

持全员全过程全方位育人。把思想价值引领贯穿教育教学全过程和各环节，形成教书育人、科研育人、实践育人、管理育人、服务育人、文化育人、组织育人长效机制。”因此，新时代高职院校大学生理想信念教育必然要坚持“整体育人”的教育理念，构建全员全过程全方位育人格局。但同时也坚持以学生为主体，关切新时代高职院校大学生个性发展的现实需要。

新时代高职院校大学生理想信念教育树立整体育人的教育理念是落实新时代高校思想政治工作精神的要求，也是培养担当民族复兴大任的时代新人的现实需要，更是遵循新时代大学生的成长成才规律的必然结果。首先，整体育人对于高等职业教育而言，更加有利于协调各种教育资源，充分调动包括学校、企业、社会、家庭等各方的教育力量，形成强大的高等职业教育合力，提升高等职业教育针对性和实效性。其次，整体育人理念就是要把高职院校大学生作为一个完整的个体来看，其身心发展有极丰富的内涵，并且以综合、统一的方式体现出来。高职院校大学生的理想信念并非孤立地形成和表现出来，而是与其他素质发展相互影响、相互制约，共为一个整体。其他方面的变化可能引起理想信念的变化，理想信念的变化也可能引起其他方面的变化，因此要强化整体育人的教育理念。

新时代高职院校大学生理想信念教育树立个性发展的教育理念是遵循新时代大学生成长规律，是以人为本的现代教育旨归。在新时代背景下开展大学生理想信念教育活动，要在以人为本基础上充分尊重新时代大学生的个性发展，坚持个性化的培养方式，促进新时代大学生个性自由全面发展，引导其树立符合国家社会发展的物质利益观念，提高其个体的思想道德素质，引导其将个体奋斗目标与国家、民族的奋斗目标相统一。总之，新时代高职院校大学生理想信念教育不仅要坚持整体育人，还要在以人为本的基础上坚持大学生的个性发展，在整体育人中坚持主体地位，在个性发展中充分发挥整体育人的导向性，引导新时代高职院校大学生树立科学的理想信念。

二、逐步完善新时代高职院校大学生理想信念教育制度设计

高等职业院校要努力探索新时代大学生理想信念教育途径，有效推动大学生理想信念教育体系建设，确保中国特色社会主义事业后继有人，为实现中华民族伟大复兴提供源源不断的优秀高职人才贡献力量。

（一）通过制度设计推动协同育人，形成新时代高职院校大学生理想信念教育合力

"马克思主义关于人的发展、社会发展以及教育的全面性、协调性理论告诉我们：一切历史事件的发生，都是由各种各样的原因造成的，各种原因或各种力量相互作用、相互影响，共同促进事物的发生、发展。"① 可见，在新时代高职院校大学生理想信念教育过程中，教育效果是各种因素相互作用、相互影响的结果。在新时代背景下，如何巩固和加强教育合力，提升实效性，是新时代高职院校大学生理想信念教育面临的新课题。要引导新时代高职院校大学生树立科学的理想信念，必须从各个方面、各种渠道增强教育针对性和实效性，要树立合力育人的理念，进一步优化"三全育人体系"，加强"学校、企业、社会、家庭"教育的有机结合，充分发挥校内外各方优势，形成强大的教育合力。

影响大学生树立科学的理想信念的因素是多方面的，并且各影响因素之间又相互作用。新时代高职院校大学生理想信念教育要从整体性、系统性的视角出发，培养整体思维的教育理念，准确把握理想信念教育的各个环节之间的联系，善于利用有利因素和有效资源来促进教育实效性的提升。一方面，要加强顶层设计，转变教育理念，完善制度设计。高职院校党委要秉持科学的教育理念，推动新时代高职院校大学生理想信念教育系统性、整体性设计，从加强顶层设计，重视理想信念教育工作的整体布

① 冯刚：《探索思想政治教育发展的内生动力》，北京：人民出版社2017年版，第263页。

局，整合校内外各种优质资源，从管理制度机制等方面协调推进各职能部门、二级学院、各课堂之间的协调联动，形成合力育人的氛围，达到全员、全过程、全方位育人的效果，切实提升新时代大学生理想信念教育的实效性；高职院校还要精心设计符合实际校企合作制度，推动校企合作育人落地有效；高职院校在家校协同育人制度设计过程中，要加强调研、运用新媒体资源，调动家庭教育力量，突出家校育人的即时性、有效性。在新时代背景下提升高职院校大学生理想信念教育的针对性与实效性，必须加强学校、企业、社会、家庭教育之间的协调性，凝聚多方合力，将众多的教育功能有机结合，互相配合、互相补充，达到紧密衔接和协调一致，进一步推进新时代高职院校大学生理想信念教育形成强大合力，形成培育新时代大学生理想信念的良好育人环境。

通过良好的制度设计，不仅实现了新时代高职院校大学生理想信念教育者树立合力育人理念，增强合力育人理念的意识，而且在制度中提供切实可行的把握合力育人的方式方法，比如深化协调育人体系，构建全员育人网络，明确各方育人职责。教育者更要推动制度执行落地，善于利用和整合各类优质资源，巩固并加强教育合力，引导新时代高职院校大学生树立科学的理想信念，自觉担当民族复兴大任。

（二）通过制度设计丰富教育内容，拓展教育形式，提升教育实效

新时代高职院校大学生理想信念教育的内容是根据时代要求、社会发展和高职院校大学生全面发展的需求进行拓展和丰富的。换句话而言，理想信念教育的内容和形式都需要与时俱进。为了实现这个目标，在构建高职院校大学生理想信念教育体系的过程中要充分考虑这一点，在制度设计的过程中，不能将教育内容僵化和固化，而是要把握住教育内容应遵循的原则和实现的目标，把握大方向，把教育的细节和具体的方法留给教师主导。

把握大方向意味着要深刻理解新时代背景下赋予高职院校大学生理想信念教育新的内涵。新时代面临新的挑战，有新的要求和新的特点，大学

生理想信念教育要在新时代背景下进一步建构教育内容，着力提升理论教育内容的科学化水平，既要继承传统，更要吸纳时代孕育创造的新思想、新理论、新资源。习近平总书记在纪念红军长征胜利80周年大会上指出，理想信念的坚定，来自思想理论的坚定。认识真理，掌握真理，信仰真理，捍卫真理，是坚定理想信念的精神前提。

首先，教育内容要不断融入党和国家最新的政治理论成果。"一个新时代的到来，总要以新的思想、新的理论为重要标志。"① 新时代高职院校大学生理想信念教育要及时更新教育内容，使教育内容与时代发展同步。习近平新时代中国特色社会主义思想是中国共产党在新的历史时期最大的理论成果，是马克思主义中国化的最新成果。为此，新时代高职院校大学生理想信念教育要积极推进习近平新时代中国特色社会主义思想的"三进"工程。要加强社会主义核心价值观教育和深化"中国梦"教育，不断更新和扩展新时代教育内容，对于上述教育内容还要深入调研，选取适合高职院校大学生特点和需求的教育形式，比如针对高职院校大学生理论基础弱、动手实践能力强的特点，在考核制度设计时，要适当降低理论基础知识的考核、提高社会实践考核的比重，等等。这些都需要在制度设计时明示。

其次，教育内容要不断根据新时代的教育目标、任务而更新与拓展。将教育现实、教育对象特征与中华优秀传统文化相结合，充分利用中华民族优秀传统文化、革命文化等，"汲取优秀传统文化、革命文化之精华，注重优秀传统文化、革命文化的现代性发展"②，不断深化新时代大学生理想信念教育的理论深度、丰富教育内容；将教育内容与高等职业教育发展、行业企业发展紧密结合，在理想信念教育中融入职业元素和企业要求，逐渐丰富新时代高职院校大学生理想信念教育的职业特色和企业特色。

---

① 吴文仙：《新时代 新特点 新思想》，《当代贵州》2017年第46期。

② 蒋玉涵，亓光：《我国思想政治教育研究的现状、特点与趋势》，《黑龙江高教研究》2018年第8期。

最后，教育内容要根据大学生的全面发展需求不断与时俱进地整合与更新优化。新时代高职院校大学生不仅有精神性发展需求、物质性发展需求，而且还有社会性发展需求。因此，新时代高职院校大学生理想信念教育要将生态文明建设理论、人类命运共同体思想、榜样教育等具有时代新潮流的内容融入理论教育和实践教育中来，引导新时代高职院校大学生树立崇高的理想信念。

第三节　推进新时代高职院校大学生理想信念教育的队伍建设

一、当前高职院校大学生理想信念教育的队伍建设现状

（一）教育队伍结构不合理

现在高职院校都已构建并推行“全方位、多层次、多角度”的育人模式，在理想信念教育的各个方面，虽然每个教育工作者都有比较清晰的任务划分，但在整体队伍建设上仍存在着诸多问题。

首先，在理想信念教育工作者中有一部分是兼职或者兼课的教师，他们不具备高职院校思想政治教育专业教育者应有的实践经验，缺乏探索研究高职院校特色和高职院校学生特点的主客观条件，这部分教师的理想信念教育实效性有待加强。另外对于这类教师也存在全方位考核的困难。高职院校应尽量全部任用实力雄厚的全职教师。

其次，年龄结构也不平衡。高职院校每年招聘的直接接管大一学生的辅导员一般都是应届硕士毕业生，从校门到校门，这些年轻人阅历都较为浅显。与此同时，他们这些新上岗的辅导员大多数不了解高职院校的实际情况，不了解高职院校学生的特点。目前在思想政治教育一线从事理想信

念教育的学工队伍教师也有一部分是资深望重的教师群体，这部分教师绝大多数是在高职院校改革前的中专院校任职，这些教师也存在理论基础薄弱的现状，也在逐步迈入老龄化。

最后，这支教育队伍人员不稳定。在大学生思想政治一线工作的教师是高职院校教师中最不稳定的队伍。由于工作能力突出，他们被提拔被重用的可能性大，辅导员队伍历来是高职院校中层干部的主要来源。校内职员不稳定，人事调动、变更和青年教师"跳槽"现象较为严重。个别新入职的教师并没有一直留在学校发展的打算，只是把其看作是临时过渡的中转站。

以上这些教育队伍结构中存在的不合理因素都对理想信念教育工作的正常实施造成了障碍。

（二）部分教师理想信念有待筑牢

当前国家虽然越来越重视对师资队伍的培养和监管，师资队伍逐渐庞大，整体综合素质也在稳步提升，但数量优势还未全部转变为质量优势。多元社会形势和思潮肯定会多多少少给高职院校教师带来一些不良影响，甚至有些教师对思想政治工作基本理念产生了强烈的认知冲突。还有不少施教者因业务较为繁忙，放松了学生的理想信念教育工作。有些辅导员每学期才组织一两次主题教育班会活动，还只是为了完成上级布置下来的任务，到了不得已、已经不能再拖的情况下才勉强去实施计划。若没有硬性规定和要求，可能有些工作者根本不会自觉去执行。这些情况就说明部分教师没有履行应恪守的职责。高职院校在招聘辅导员时没有注重企业经验和行业背景，在招聘辅导员或思政课教师时往往以学历或科研水平作为主要参照点，没有进行全面的考察和检验，疏漏了对教师企业工作经验、工作能力和思想道德修养的鉴定。目前，总体来讲，绝大多数教师都能够很好地履行和恪守职责，然而还有极少数教师从未进行过系统的学习和培训。作为传道授业的主导力量、大学生理想信念教育的传输者，自己本身都没有牢固树立好理想信念，不能够以身作则，何谈去栽培优秀的接班人。另外，还有一些刚从学生转为教师的教育工作者，在授课时屡次出现因部分章节准备不充分而越讲越混乱或者因过度紧张导致脑子“短路”突然空白而冷场的现象。也有很多年轻教师没有成长在抗战年代，没有经历过社会动荡和艰苦岁月的锤炼，他们对史籍的领悟程度有限，对马克思主义理论的掌握也不够扎实，也没有做到“先学后教”“边教边思”，使得自己的学生也总是安于现状，觉得“差不多”就行。尤其是面对理论基础比较薄弱的高职院校大学生，部分教师更是觉得不必深入研究，不必讲得深刻，总是停留在理论的表象上，没有将理论剖析深刻。还有个别辅导员把对学生的理想信念教育仅看作是教思想政治理论课的专业老师的义务，好像跟自己没有什么直接关系，所以没有将理想信念教育作为自己的分内之事。上述种种缘故导致新时代高职院校大学生理想信念教育达不到理想效果。

二、推进新时代高职院校大学生理想信念教育的队伍建设

（一）加强思想政治理论课教师队伍建设

思想政治理论课教师在新时代高职院校大学生理想信念教育中发挥着关键和主导作用，因此要特别注重思想政治理论课教师队伍建设。教育工作者要教育别人，首先要接受教育，成为有信仰的合格教师。教育工作者要坚定不移地信仰马克思主义。塑造学生的价值观从来不是一件容易的事，它要求教师自身具备过硬的素质，既包括专业素质，也包括思想道德素质，就是政治要强，让有信仰的人讲信仰，这是推进新时代高职院校大学生理想信念教育队伍建设的关键。坚定马克思主义理论信仰，是思想政治理论课教师自身政治性的鲜明体现，是不可缺少的职业素质。以身教推动言教，以自身对崇高理想的追求去感染学生，引导学生，使教育润物细无声，从而提升理想信念教育的效果。

让思想政治理论课教师成为理论的掌握者，系统地实际地掌握好马克

思主义理论，多钻读马克思主义经典著作。通过学习，更加坚定切实增强"四个意识"、坚定"四个自信"，以马列主义、毛泽东思想、邓小平理论、"三个代表"重要思想、科学发展观和习近平新时代中国特色社会主义思想统一思想、指导实践、推动工作的思想自觉、政治自觉和行动自觉，积极引领高职院校大学生理想信念的正确导向。

（二）推进高职院校辅导员队伍专业化建设

高职院校的辅导员队伍承担着大学生日常思想政治教育的重任，在日常教育中融入理想信念教育是辅导员工作的应有之义，也是辅导员的光荣使命。加强辅导员队伍建设能够有效保障高职院校大学生理想信念教育的实效性、连续性。为此，高职院校应该着力推进高职院校辅导员队伍专业化建设。

首先，形成科学有效的选拔方案。应该针对辅导员形成规范化的聘用规范。根据教育部推出的辅导员队伍建设要求，联系高职院校发展实际，形成科学的选聘条件，具体包括综合素质、政治面貌和学历学位方面的要求，同时还需要重视和学生思想教育相关的专业知识基础能力，在构建辅导员专业化队伍时，积极吸收那些具备较高知识水平、思想政治教育理论、乐于奉献、责任心强的优秀人员。应该针对辅导员的选拔工作，形成公平合理的筛选程序，坚持公正、公平、公开的基础原则，择优录取、以德为先，合理制定规范、科学的辅导员招聘方案，在具体考核过程中除了心理测试、笔试和面试之外，还需要重点测试学生思政工作相关的专业知识水平与综合素质测试，从而吸收那些具备良好专业素质的优秀人员。

其次，加强辅导员的科学培养。高职院校需要从培训方式以及培训内容等方面入手进行不断创新，通过深入探索，合理创建多层次、多形式以及多样化渠道的培养机制。合理构建专业化知识体系，相关专业知识体系主要包括应用性技能以及基础性知识等。而基础性知识涵盖哲学、管理学、心理学、法学以及教育学等专业知识以及基础理论。应用性技能涵盖突发性事件处理、协调沟通能力、组织策划、创新能力等技能，以及需要经过深入企业挂职以及参与社会实践培养的专业技能。为此，高职院校需要为辅导员创建有效的发展平台，形成专业培养教育体系，促进辅导员自身业务技能和专业实力的有效提升。

（三）提升其他从事理想信念教育的师资队伍水平，发挥所有教师的主导性作用

提升大学生理想信念教育的师资队伍水平是有效提升大学生理想信念教育效果的关键所在。在重点加强思想政治理论课教师和辅导员队伍建设的基础上，要切实不断地提升所有教师队伍水平，才能发挥高职教师在高职院校大学生理想信念教育中的主导性作用。大学生理想信念教育并非只是思想政治理论课教师、辅导员、班主任的事，高职院校的各个岗位工作者应该改变观念，积极参与到理想信念教育中来，引导新时代大学生树立科学的理想信念。高职院校党委应加强顶层设计，深化协调育人体系，构建全员育人网络，改变教育工作者的教育理念，动员全员投入思想政治教育、理想信念教育中来，在教育主体维度形成强大的教育合力。

一要扎实提升教师的理论素质和业务水平。理想信念教育是一项政治性、教育性、专业性要求很高的工作，只有理想信念坚定、理论功底扎实、教学技能过硬的教师才能胜任。在具体实践中可以建立培训机制、搭建交流平台等方式不断提升师资队伍水平。积极组织教师队伍定期参与教学研修、集体备课、座谈会、研讨会等活动，突出理想信念教育的时代性，聚焦时代热点问题，优化培训资源的时效性和针对性。同时，还要促进校际的交流，利用网络新媒体技术来搭建线上交流平台，及时向教师推送理想信念教育的前沿教育动态和先进经验，使教师不断学习，从而提升业务水平。

二要提升教师魅力，增强课堂的感染力和吸引力。教师个人魅力对于提升大学生理想信念教育效果具有非常重要的作用。教师魅力的提升包括提升人格魅力、学识魅力、形象魅力、教学语言魅力。当前大多数思政课

教师对大学生理想信念教育的方式以说教为主，课堂上仍然存在“满堂灌”的现象，甚至部分学生在还不了解理想信念教育内容的时候内心就开始排斥了。因此，提升教师魅力是提升理想信念教学质量的关键和重要抓手。增强教师的魅力，提高授课的吸引力，增进活动的趣味性，就成为教师提高课堂教学效果的首选行动。教师要不断强化思想道德修养、理论学习、仪表风度和教学语言的艺术性，激发学生学习的兴趣，从而有效地提升理想信念教育的教学成效。

第四节　拓展丰富新时代高职院校大学生理想信念教育的形式和内容

一、改进完善新时代高职院校大学生理想信念教育的方式和方法

在多元文化激荡的时代背景下，多种文化潮流相互碰撞，各种思想观念相互交织，为理想信念教育提供了全新的挑战与机遇。新时代青年的思维和作风总是领先于社会潮流，大脑思维跳跃性也比较强，因此迫切需要改进完善理想信念教育的方式和方法，拓展丰富理想信念教育的形式和内容。

（一）坚持显性教育与隐性教育相结合

高职院校大学生理想信念教育一直以来是学校、企业、社会和家庭多方协同配合来开展的。在中国传统理想信念教育中，像理论灌输法、榜样示范法等很多优秀的教育方法都能够在合力中得以彰显。但是以往学校、家庭教育所使用的大多属于显性教育方式，隐性教育先前仅在西方较为普遍、盛行，随后我国的教育工作者也开始着手并逐步深入地发掘“隐蔽课程”的教育价值，通过显性和隐性教育方法的有机整合，让这种非直接

的、隐匿潜藏在学生生活环境中的教育活动，能够在与显性教育优势互补、共同作用下施展出应有的教育功效。将讲授式与互动式教学法进行有机融合，将课堂教学、实践教学、网络教学等形式相互渗透，让课内理论学习课堂与课外社会实践活动并重，并做到整体上的“漫灌”与针对个人的“滴灌”相结合。还需要把传统的灌输式教育转变为启发式、探究式教育模式。这些措施也是健全大学生理想信念教育体制机制的重要途径。

（二）“喻之以理”与“动之以情”相结合

理想信念的树立必须具备理论知识的支撑，若无扎实的理论根基，谈理想和信念也毫无意义可言。教育者在与学生们进行教学交往时，应重视形象化说理艺术和有效的沟通技巧，做到“喻之以理”，只有在大学生高度确信这些道理、实现政治认同的基础上，才能更好地实施下一步的教育计划。开展理想信念教育不仅要注重理论知识的储备和积累，还应有感情的投入，要有敬仰、崇奉、对梦想执着追求的热情，因此教育者要“动之以情”，激发学生热爱中国共产党、热爱中国特色社会主义的崇高理想和坚定信念。教育者可以通过将陶冶教育法和说服教育法相结合的方式，将“情”与“理”融会贯通，用智慧去启迪学生的思维，用真情去感化学生的心灵。

二、拓展丰富新时代高职院校大学生理想信念教育的形式和内容

（一）扎实构建高职院校大学生理想信念教育工作大格局

在高职院校对大学生进行教育的过程中，对其进行理想信念教育是一项较为系统的工作，开展思想政治教育不是唯一的渠道。在开展这一教育的过程中还应该做好相关的统筹规划工作，全面推进，所以高职院校在实际教育教学过程中应该融入中国特色社会主义思想，并且将其贯穿教学始

终。同时，其他课程与思政课能否同向同行也影响着学生的学习质量，所以高职院校应该意识到全面推进课程思政建设和全课程核心价值观教育的重要意义。另外，还要不断加强学生对中国特色社会主义理论的认识，帮助高职院校大学生树立坚定的理想信念。

（二）充分发挥思想政治理论课的理想信念教育主渠道作用

中国特色社会主义理论体系是对高职院校大学生进行理想信念教育的主要内容。对于高职院校的低年级学生而言，思想道德修养与法治课程是学生树立良好的理想信念的主要渠道，学生在实际学习过程中能够学习到中华民族传统道德以及社会主义核心价值观等方面的内容，这就要求高职院校能够优化配置思想政治教育课的教师队伍，不断完善教学内容，对课堂的教学设计也要进行优化，并实现教学方法的创新。还要结合教育教学的实际情况组织相关的主题教学活动，促进大学生能够有更高的思想认同以及政治认同，这也是帮助高职院校大学生树立崇高理想信念的主要途径。

（三）充分利用社会资源

站在建党百年的光辉史册上，我们必须要把"四史"教育中的理想信念教育资源用好用活。革命文化、红色文化、社会主义先进文化等教育资源彰显了共产党人对理想信念的不懈追求，应不断挖掘并将其纳入教育领域，优化新时代高职院校大学生理想信念教育的有效途径。引导新时代高职院校大学生树立科学的理想信念不仅需要高职院校自有的教育教学资源，也需要合理有效地利用丰富的社会资源。因此，新时代高职院校大学生理想信念教育要不断挖掘教育资源，利用社会教育资源拓展教育内容，创新教育方式方法，丰富教育载体，提升教育实效性。

教育引导高职院校大学生弘扬精神谱系、厚植家国情怀。中国共产党人的精神谱系，为我们立党兴党强党提供了丰厚滋养。党史是弘扬精神谱系、厚植爱国情怀的最生动、最有说服力的教科书。高职院校要充分整合资源，有效利用线上线下相结合、学生喜闻乐见的各种载体，教育引导高职院校大学生自觉传承中国共产党在长期奋斗中铸就的伟大精神，尤其是与大学生同时代的伟大抗疫精神、脱贫攻坚精神等，深入开展爱国主义教育、革命传统教育，引领高职院校大学生读懂一个百年大党历尽艰辛、缔造奇迹的“神奇密码”，激发其思想认同和情感共鸣，涵养爱国之情、砥砺强国之志、实践报国之行，让爱国主义精神代代相传、发扬光大。

教育引导高职院校大学生传承红色基因、发扬光荣传统。高职院校要充分运用各地红色资源，组织学生深入革命博物馆、纪念馆、党史馆、烈士陵园等红色基地，课内外结合，校内外融合，持续深入用好、用活红色革命资源，讲好身边的“红色故事”，大力弘扬光荣传统，将红色基因传承内化融入学生日常思政教育，涵养学生高尚的道德品质，努力让红色资源成为高职院校大学生的“大思政课堂”；不断淬炼学生的红色信仰，努力使学生成为新时代建功立业的红色“后浪”。

教育引导高职院校大学生矢志艰苦奋斗、勇担时代重任。党史是激励青年学生艰苦奋斗、勇担时代重任的“对标尺”。伟大梦想是拼出来的，伟大事业是干出来的。面对世界百年未有之大变局和全面建设社会主义现代化国家新征程，广大青年学生要主动汲取党史中的智慧光芒和精神力量，心怀“国之大者”，将“小我”融入“大我”，不断增强做中国人的志气、骨气、底气，扎根人民、至诚报国、服务社会，在攀登知识高峰中追求卓越，在肩负时代重任中行胜于言，在真刀真枪实干中成就非凡事业。现场是最好的教学，实践是最好的课堂。要积极参与社会实践活动，赓续红色血脉，磨砺奋斗意志，增强斗争本领，让青春之花绽放在祖国最需要的地方。

青年是祖国的未来，高等院校承担着培养合格社会主义建设者和接班人的重要使命。新时代大学生能否坚持正确的理想信念、价值理念、道德观念，能否怀有“天下兴亡，匹夫有责”的爱国精神与“位卑未敢忘忧国”的社会责任，能否把个人梦与中国梦的实现联系起来、把自身前途与国家命运联系起来、把个人理想与祖国需要联系起来，决定着他们能否在不久的将来真正成为中华民族伟大复兴的中坚力量。提高新时代高职院校大学生的思想政治水平，立德树人，厚德修能，着力绘就高职院校大学生理想信念的“同心圆”，高等院校才能真正完成好培养德智体美劳全面发展的社会主义建设者和接班人的重大任务。

第四章　构建新时代高职院校大学生理想信念教育有效性评价体系

高职院校大学生理想信念教育是一项系统工程，对高职院校大学生理想信念教育有效性评价涉及的内容广泛、复杂。因此，需要始终坚持立德树人的根本任务，遵循高校“四个服务”的功能，充分发挥教师在教学过程中的作用，依据学生成长、成才的培养规律，建立系统、科学的高职院校大学生理想信念教育有效性评价体系，是提升高职院校大学生理想信念教育水平的前提，也是高职院校大学生思想政治教育科学发展的要求。

第一节　新时代高职院校大学生理想信念教育评价体系构建的依据

一、理论依据

高职教育的根本任务是立德树人，要坚持德育为先、育人为本的理念，把坚定理想信念放在首位，巩固共同思想道德基础，促进学生全面发展。中共中央、国务院《关于进一步加强和改进大学生思想政治教育的意见》指出，在对大学生进行思想政治教育时，要把社会实践这个环节摆在更加重要的地位，理想信念教育作为思想政治教育的核心应该更加要注重实践，因为通过实践可以增长大学生才干，锻造其毅力，塑造其品格，强化其社会责任感。在社会实践过程中，我国高校的理想信念教育已颇有成效，有利于大学生共产主义理想信念的确立，有助于我国社会主义事业的长足发展。

新时代青年理想信念教育作为新时代开展青年思想政治教育的具体表现，也是对马克思主义理想信念教育思想和中国共产党的理想信念教育思想的丰富、完善和发展。① 习近平总书记指出："要充分信任青年、热情关心青年。"② 为他们实现人生价值提供支持和指引。新时代青年是推动中国社会发展的有生力量，也是实现民族振兴的主要力量和中坚力量。因此，"开展好青年理想信念教育必须时刻与时代发展相结合。"③ 在新时代，广大青年是否能够广泛地接受理想信念教育，与我国社会主义未来发展以及中华民族的伟大复兴密切相关。正如学者赵爱玲所言，习近平总书记关于青年思想政治教育的观点和思想，是关于青年思想政治教育理论的新拓展，为当今社会开展思想政治教育，提供了重要理论支撑。④

理想信念的价值目标，虽然指向无限的天空，但其衡量标准却扎根脚下。⑤ 新时代青年理想信念教育虽指向远大的共产主义目标，但因其掌握并发展了马克思主义的世界观和方法论，从而实实在在，可感可知。当前，新时代青年理想信念教育作为马克思主义青年观以及中国共产党理想信念教育思想的新应用和新发展，不仅阐明了当前青年工作发展的新要

---

① 刘敏：《习近平理想信念教育思想研究》，云南师范大学硕士学位论文，2018 年。

② 中共中央文献研究室：《十八大以来重要文献选编（上）》，北京：中央文献出版社 2014 年版，第 281 页。

③ 冯刚，朱宏强：《以习近平新时代中国特色社会主义思想引领青年理想信念教育》，《思想理论教育导刊》2018 年第 11 期。

④ 赵爱玲：《十八大以来习近平青年思想政治教育思想研究》，《社会主义核心价值观研究》2018 年第 5 期。

⑤ 黄明理：《论习近平关于理想信念思想的创新》，《江海学刊》2015 年第 2 期。

求，也指出了新时代青年健康成长和全面发展的正确方向、根本目标和现实路径。习近平总书记曾指出，每个时代的时代精神是不一样的，时代理念也都是不尽相同的。青年理想信念的养成同国家事业的大力发展具有互补性。其一，广大青年始终是实现民族伟大复兴的先锋力量，因此来说，全面实现中华民族伟大复兴的中国梦离不开对新时代青年的理想信念教育。其二，当代青年在中国共产党的关怀和教育下成长起来，青年理想信念更是建立在国家富强、民族复兴的基础之上。此二者关系就要求新时代青年要始终把个人理想与国家梦想紧密地关联在一起，紧跟时代发展潮流，在社会实践活动中，认真学习马克思主义理论，结合学习中国共产党成立史、发展史，树立科学正确的理想信念，持之以恒地用革命精神武装头脑。做好新时代青年工作，必须始终坚持青年理想信念教育理论的科学指导，强化新时代青年对理想信念的认识，在教育教学过程中，努力探索理想信念教育的有效途径，保证青年成长成才。

二、实践依据

党的十八大以来，习近平同志从党和国家事业发展的战略高度，在不同场合针对当下党内出现的“四风”问题与腐败问题多角度、全方位地阐释共产党人理想信念是什么的问题，强调理想信念对于共产党人的重要性，首次明确提出共产党人坚定理想信念的检验标准。学习借鉴共产党人坚定理想信念的检验标准，形成新时代高职院校大学生坚定理想信念的教育评价标准。紧紧围绕高等教育立德树人这个根本任务，坚持社会主义大学“四个服务”的根本要求，努力争做“四有”好老师，以培养德智体美劳全面发展的社会主义合格建设者和可靠接班人为目标，从社会、学校、课程、个人四个维度构建评价体系。

基于此，新时代高职院校大学生理想信念教育有效性的评价形成了四个维度，将其作为衡量高职院校大学生理想信念教育是否有效的检验标准，它对于理想信念教育发挥着指导性的作用。在充分调查研究的基础上，主要从社会、学校、课程、个人等四个方面提出了高职院校大学生理想信念教育有效性评价指标集，对各项指标进行科学分类并建立起递进层次结构，同时确定各项评价因素的内涵与评价等级、评定标准。

（一）社会维度：能否有益于社会进步

“青年的理想信念关乎国家未来。青年理想远大、信念坚定，是一个国家、一个民族无坚不摧的前进动力。”① 青年能否树立坚定正确的理想信念关系到国家和民族的未来，关系到社会主义现代化建设发展大局。2016年12月，习近平总书记在全国高校思想政治工作会议上发表了重要讲话，明确提出了高等教育“四个服务”的发展方向，即“为人民服务，为中国共产党治国理政服务，为巩固和发展中国特色社会主义制度服务，为改革开放和社会主义现代化建设服务”②。高等教育“为改革开放和社会主义现代化建设服务”要求高校思想政治工作必须聚焦人才培养的核心任务。改革开放与社会主义现代化建设需要一大批具有较高思想水平、政治觉悟、道德品质和文化素养的优秀人才。习近平总书记指出：“办好我们的高校，必须坚持以马克思主义为指导，全面贯彻党的教育方针。要坚持不懈传播马克思主义科学理论，抓好马克思主义理论教育，为学生一生成长奠定科学的思想基础。”③ 只重知识而不重思想的教育绝不是真正的“立德树人”，有才无德的人也绝不能称为“合格人才”。

理想信念教育具有社会性与阶级性的特征，要反映和满足阶级的利益和社会发展的需要，这是理想信念教育存在的现实基础。我国现处于社会主义初级阶段，社会主义共同理想的实现需要一代又一代的合格建设者和

---

① 习近平：《在纪念五四运动100周年大会上的讲话》，2019年5月1日《人民日报》第2版。

② 习近平：《在全国高校思想政治工作会议上的重要讲话》，2016年12月9日《人民日报》第1版。

③ 习近平：《在全国高校思想政治工作会议上的重要讲话》，2016年12月9日《人民日报》第1版。

接班人，这离不开理想信念教育。而其中，最为关键的是年轻一代树立起符合国家和社会发展要求的坚定的社会主义理想信念，这是理想信念教育体现其有效性的关键所在。因此，从学生身上找到有益于社会发展和进步的指标，对学生的理想信念教育成效进行测评，从结果中反思教育的方式方法，逐步改进教育形式，提高理想信念教育的科学性，提升理想信念教育水平。

（二）学校维度：是否有益于学校发展

2018 年习近平总书记在北京大学师生座谈会上指出，马克思主义是我们立党立国的根本指导思想，也是我国大学最鲜亮的底色。高校要旗帜鲜明讲政治，坚定中国特色社会主义高校办学的政治方向，自觉在政治立场、政治方向、政治原则、政治道路上同党中央保持高度一致，使高校成为坚持党的领导的坚强阵地。“办好我国高等教育，必须坚持党的领导，牢牢掌握党对高校工作的领导权，使高校成为坚持党的领导的坚强阵地。”① 要深入学习领会并自觉运用习近平新时代中国特色社会主义思想，全面贯彻党的教育理论和路线方针政策，用科学的理论武装头脑、指导实践、推动工作，确保党中央的决策部署在高校得到不折不扣的贯彻执行，营造风清气正的高校政治生态。

另一方面，学校在提供企事业用人单位实习平台时，还可将学生科研成果试着进行推广，让科研成果走入社会，拓宽学生与社会的结合渠道，加强学生的职业文化素养，使部分创新意识和成果能够被社会认可，所以提高高职院校学生质量能够完善人才培养质量体系，健全人才培养机制，让高职院校毕业生得到社会普遍认可，这些学生将成为学校的骄傲，反哺学校的发展，不断提升学校在社会的影响力和美誉度。

---

① 习近平：《在全国高校思想政治工作会议上的重要讲话》，2016 年 12 月 9 日《人民日报》第 1 版。

（三）课程维度：是否有益于优化学习

2019 年，习近平总书记在学校思想政治理论课教师座谈会上的讲话中明确强调，中华民族几千年来形成了博大精深的优秀传统文化，我们党带领人民在革命、建设、改革过程中锻造的革命文化和社会主义先进文化，为思想政治课建设提供了深厚力量。良好的教育有助于每一个新时代的中国人树立正确的历史观，树立文化自信。同时指出，思想政治理论课是落实立德树人根本任务的关键课程。[①] 高职教师要深入学习贯彻习近平总书记讲话精神，努力提高思想政治素质和职业道德水平，做到政治强、情怀深、思维新、视野广、自律严、人格正。利用好课堂教书育人的主渠道，坚持习近平新时代中国特色社会主义思想进教材进课堂进头脑，将理论重点、社会焦点与学生关注点有机结合，润物细无声地进行政治引领和价值引领。坚持立德树人、铸魂育人与不同专业背景结合，把学业前景、行业前景、就业前景引入思想政治课堂教学中，引起学生关注，激起学生兴趣，引起共鸣，达到同频共振的育人实效。

高职院校开展理想信念教育，就是要培养德智体美劳全面发展的优秀大学生，培养德技双修的“大国工匠”，需要强化青年的理论武装，科学运用课堂新模式深化青年理论教育，提高理想信念教育的整体水平。新时代高职院校要充分调动全体教师参与教学中，专业课与思政课同向同行，充分发挥思政课教师与各专业课教师协同联动作用，改变孤岛式的思想政治理论课育人体系，使各类课程与思想政治理论课协同育人，厚植爱国主义情怀，把爱国情、强国志、报国行自觉融入专业课堂中，将知识讲授与政治引领、价值引领有机结合，水到渠成进行育人，逐步形成全员全过程全方位育人体系，为学生创造优良的教学生态，帮助学生养成良好的学习习惯，充分调动师生教育教学的积极性和主动性，师生形成良性互动，相互学习共同进步。

---

① 习近平：《思政课是落实立德树人根本任务的关键课程》，《求是》2020 年第 17 期。

（四）个人维度：是否有益于身心健康

2014 年 5 月 4 日，习近平总书记在北京大学师生座谈会上强调，广大青年树立和培育社会主义核心价值观，要在勤学、修德、明辨、笃实上下功夫，下得苦功夫、求得真学问，加强道德修养、注重道德实践，善于明辨是非、善于决断选择，扎扎实实干事、踏踏实实做人，立志报效祖国、服务人民，于实处用力，从知行合一上下功夫。① 青年是国家与社会发展的主力军，能否成为国之栋梁，对我国社会主义现代化建设起着关键作用。由于青年的精神面貌关系整个社会的精神状态，其文明程度也关系到整个国家的文明进程，青年的素质和能力的高低关系到其能否担负起时代赋予的使命和责任。习近平总书记根据青年发展状况，遵循青年的成长规律和心理特点，强调要加强青年的思想政治教育，不断提高青年思想道德和科学文化水平，增强其认识世界与改造世界的能力，不断培育适应时代发展的青年人才，这就要求广大青年要从现在做起，从自己做起，勤学、修德、明辨、笃实，使社会主义核心价值观成为自己的基本遵循，并身体力行大力将其推广到全社会去，进而在实现中国梦的伟大实践中创造自己的精彩人生。

2014 年 9 月 9 日，习近平总书记同北京师范大学师生代表座谈时的讲话中强调，“教育是提高人民综合素质、促进人的全面发展的重要途径。”② 教育的根本目的是培养人和塑造人，高职院校思想政治教育归根到底是培养人的问题，切实关注高职院校大学生的所思所想，回应和满足高职院校大学生现实困惑和精神需求，提高高职院校大学生的思想水平、道德品质和政治素养，实现构建受教育者精神世界的功能，着力促进高职院校大学生的全面发展。

---

① 习近平：《青年要自觉践行社会主义核心价值观——在北京大学师生座谈会上的讲话》，2014 年 5 月 5 日《人民日报》第 2 版。

② 习近平：《做党和人民满意的好老师——同北京师范大学师生代表座谈时的讲话》，2014 年 9 月 10 日《人民日报》第 2 版。

三、评价模型

此次研究经过深入调研、专家咨询、多方研讨，最终将评价内容分为社会、学校、课程和个人四个维度，深入剖析新时代高职院校大学生理想信念教育的特殊性，采用师评、互评与自评相结合的评价方式，坚持过程性评价与结果性评价相结合、主观评价与客观评价相结合的多元化评价原则，其模型如图 4－1 所示。

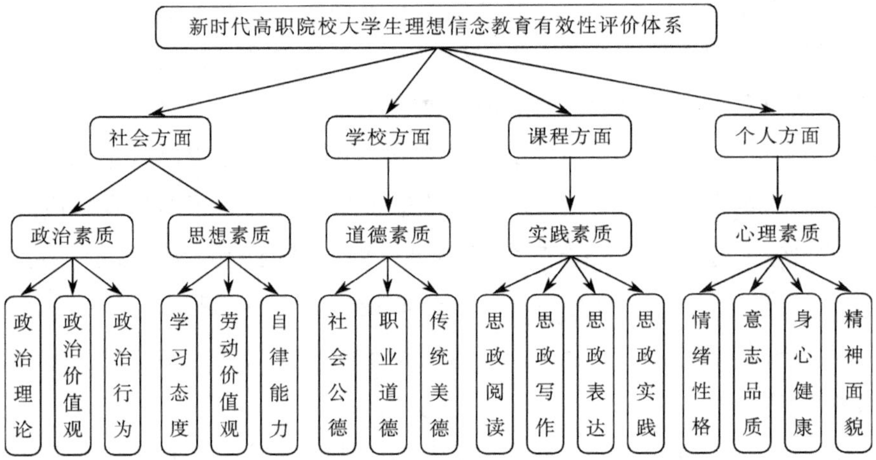

图 4-1　新时代高职院校大学生理想信念教育有效性评价体系

在社会方面，考虑政治素质和思想素质两个层面，其中政治素质反映理想信念教育对大学生政治理论、政治价值观、政治行为影响的有效程度；思想素质主要反映理想信念教育对学生学习态度、劳动价值观、自律能力等层面的影响，也就是其独立思考能力的形成程度。在学校方面，考虑道德素质这一层面，道德素质主要反映理想信念教育对大学生社会公德、职业道德和传统美德形成的效果。在课程方面，考虑实践素质这一层面，实践素质主要反映理想信念教育对大学生思政阅读、思政写作、思政表达、思政实践形成的作用程度。在个人方面，考虑心理素质这一层面，心理素质主要反映理想信念教育对于大学生情绪性格、意志品质、身心健康、精神面貌层面的影响。

第二节　有益于社会进步的维度评价

社会环境是高职院校大学生成长成才的宏大背景，对学生理想信念教育的影响更为广泛和复杂。理想信念教育总是以满足国家和社会的一定需要为其存在的基础，如果理想信念教育偏离或背离了国家和社会的需要，那么它就会出现存在的合理性危机，更谈不上有效性的问题。国家或社会对理想信念教育的需要是一种特殊的需要，它是社会在发展过程中由于人才的缺乏而引起的摄取状态，这种摄取状态是党和国家加强和改进思想政治教育的动力因素，包括政治、经济和文化发展的需要等。理想信念教育是否有效，和它是否满足或在多大程度上满足国家和社会的需要密切相关。

当前，大学生理想信念教育面临更加复杂和开放的社会环境。新时期的国际国内环境对高职院校大学生理想信念教育也提出了诸多的严峻挑战。例如，伴随着我国经济社会的快速发展，社会风气也在悄然地发生着变化，一些不良社会风气滋生，这对于大学生的理想信念产生了不利的影响，削弱了大学生理想信念教育的有效性。大学生在校学习阶段建立起的“理论上”的理想信念，再回到社会现实之中，尤其是在社会不良风气的熏染下，受到了很大程度的削弱甚至颠覆，造成大学生理想信念的错位与缺失。因此，高职院校在开展理想信念教育有效性评价时，在社会方面应当考虑政治素质和思想素质两个层面（如图4－2）。

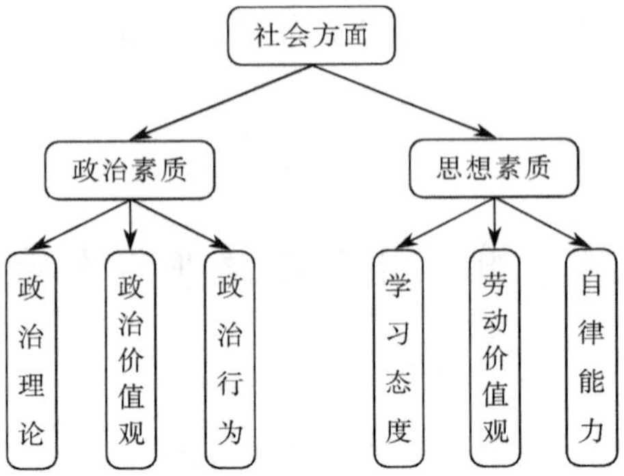

图 4–2 新时代高职院校大学生理想信念教育有效性评价(社会方面)

政治素质反映理想信念教育对大学生政治理论、政治价值观、政治行为影响的有效程度。在进行评价时，主要观测点可分为：一是政治理论，包括思想政治理论课成绩；能否运用所学理论分析社会政治、经济、文化、道德现象；能否正确识别各种社会思潮，主动与各种错误言行做斗争。二是政治价值观，包括是否热心参加集体活动，正确处理个人与集体之间的关系；是否有健康向上的审美情趣和审美观；是否有正确的恋爱观，能正确处理个人感情问题；是否没有迷茫迟疑的观点和及时行乐的思想。三是政治行为，包括拥护党的领导，积极要求进步；关心国内外大事，有为国家建设贡献力量的思想和能力；有对国家和民族负责的意识，能正确处理个人利益和国家利益之间的关系；能够为理想而奋不顾身去拼搏、去奋斗、去献出自己的全部精力乃至生命；没有贪图私利的行为和无所作为的作风。

思想素质主要反映理想信念教育对学生学习态度、劳动价值观、自律能力等层面的影响，也就是其独立思考能力的形成程度。在进行评价时，主要观测点可分为：一是学习态度，可以考察学生自主学习能力和多渠道获取知识信息的能力；二是劳动价值观，考察学生是否积极参加平凡的体力劳动、社会活动和志愿活动；三是自律能力，考察学生是否认真学法、自觉守法，遵守校规校纪，是否主动与各种违法、违纪犯罪现象作斗争，并正确运用法律武器维护自己的合法权益。具体评价如表 4 – 1 所示。

表 4 - 1 新时代高职院校大学生理想信念教育有效性评价表（社会方面）

目标层	准则层	主要观测点	标度（得分）				
			优秀	良好	中等	及格	不及格
政治素质	政治理论	思想政治理论课成绩					
		运用所学理论分析社会政治、经济、文化、道德现象					
		正确识别各种社会思潮，主动与各种错误言行做斗争					
	政治价值观	热心参加集体活动，正确处理个人与集体之间的关系					
		有健康向上的审美情趣和审美观					
		有正确的恋爱观，能正确处理个人感情问题					
		无迷茫迟疑的观点和及时行乐的思想					
	政治行为	拥护党的领导，积极要求进步					
		关心国内外大事，有为国家建设贡献力量的思想和能力					
		有对国家和民族负责的意识，能正确处理个人利益和国家利益之间的关系					
		为理想而奋不顾身去拼搏、去奋斗、去献出自己的全部精力乃至生命					
		没有贪图私利的行为和无所作为的作风					
思想素质	学习态度	自主学习能力和多渠道获取知识信息的能力					
	劳动价值观	积极参加平凡的体力劳动、社会活动和志愿活动					
	自律能力	认真学法、自觉守法，遵守校规校纪					
		主动与各种违法、违纪犯罪现象作斗争，并正确运用法律武器维护自己的合法权益					

第三节　有益于学校发展的维度评价

学校理想信念教育是青年大学生掌握党的理论知识和塑造政治品德的重要环节。近年来，各地和各高校坚持"两手抓、两手都要硬"的方针，高度重视大学生思想政治教育和工作成绩共同进步，成绩斐然。大学生理想信念教育有力地促进了高校的稳定，也促进了高校在教学、科研、管理等方面工作的开展。

但是，虽然理想信念教育作为大学生思想政治教育的核心内容，理应受到高校的普遍重视，然而，迫于高校之间的激烈竞争所带来的压力，学校将更多的精力投入能够创造出更多实际效益的教育工作上，而对于理想信念教育这种不易显现成效的思想教育活动则往往只是"走形式""唱高调"，疏于重视。其主要表现在：受到传统"应试教育"的消极影响，学校更多地看重学生的成绩和分数，而忽视了学生的个性养成与自由全面的发展。

作为社会有机组成部分，学校教育理念表现出教育动机的功利性倾向。在传统计划经济体制向社会主义市场经济转变的过程中，人们的思想价值体系出现了明显的多元化倾向，主导思想和价值观念日渐淡薄。以往对未来的美好憧憬与崇高而朴素的理想信念失去了对人们的吸引力和感召力，而学校教育在寻求适应新形势下的主导价值要求的教育活动中，还未达到预期的理想效果与普遍认同，整个社会似乎缺少一个主导性的价值体系。这也使人们在这种价值多元化的无所适从的状态中，出于个人现实利益的考虑，做出价值观念的功利性选择。在学校教育的目标体系中，由于缺乏科学的教育体系，忽视大学生的思想实际与接受效果，在实用主义和功利主义思想的影响下，无法有针对性地设置教育的内容与教育的方法，结果出现了形式主义盛行的局面，大学生思想教育活动似乎成为了一种"假"与"空"的代名词。在这种情况下，学校教育活动盲目追求教育的现实利益需要，而忽视了教育过程中的发挥教育效果的要素设置、教育对象在教育活动中的接受主体性地位，导致学校教育活动与教育的目的和效果相抵触的现象，表现出教育动机的功利性。学校理想信念教育的目标是实现大学生对于“三观”的科学认识，树立崇高而坚定的共产主义和社会主义理想信念。作为思想教育的重要阵地，学校担负着相当大的思想政治教育工作任务。其教育目标的制定与执行，教育环境的营造都关系着大学生理想信念教育的成效。①

基于此，高职院校在开展大学生理想信念教育有效性评价时，在学校方面应当重点考虑道德素质层面（如图 4－3）。

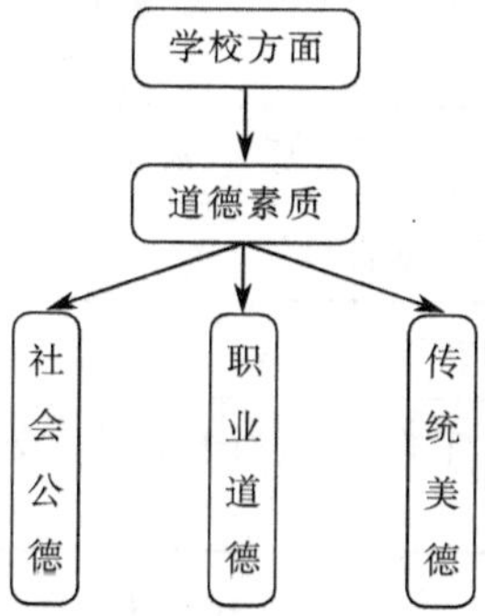

图 4–3 新时代高职院校大学生理想信念教育有效性评价(社会方面)

道德素质主要反映理想信念教育对大学生社会公德、职业道德和传统美德形成的效果。在进行有效性评价时，可以从以下几个观测点进行评价：一是社会公德，包括是否遵守公共秩序，爱护公共财物，讲究公共卫生，维护公共安全，敢于批评不道德行为；是否礼貌待人、理解他人、尊重他人、乐于助人。二是职业道德，大部分高职院校大学生在大三下学期就要走入实习岗位，因此，职业道德主要包括是否愿意全心全意为人民服务；是否有敬业意识、服务意识、质量意识和法纪观念；能否吃苦在前、享受在后；能否勤奋工作、廉洁奉公。三是传统美德，包括是否关心体贴父母、长辈；是否尊老爱幼、尊重老师，主动与师长交流沟通思想。具体

① 王成文：《加强大学生理想信念教育的路径选择》，《学校党建与思想教育》2008 年第 7 期。

评价表如表 4 –2 所示。

表 4 –2　新时代高职院校大学生理想信念教育有效性评价表（学校方面）

目标层	准则层	主要观测点	标度（得分）				
			优秀	良好	中等	及格	不及格
道德素质	社会公德	遵守公共秩序，爱护公共财物，讲究公共卫生，维护公共安全，敢于批评不道德行为					
		礼貌待人、理解他人、尊重他人、乐于助人					
	职业道德	愿意全心全意为人民服务					
		有敬业意识、服务意识、质量意识和法纪观念					
		能够吃苦在前、享受在后					
		能够勤奋工作、廉洁奉公					
	传统美德	关心体贴父母、长辈					
		尊老爱幼、尊重老师，主动与师长交流沟通思想					

因此，在道德素质层面对高职院校大学生理想信念教育进行有效性评价，可对大学生思想政治教育的整体效果和社会作用做出科学评价，对大学生思想政治教育工作的过程进行有效的调控，不断改进工作中的缺点和不足，促进大学生思想政治教育工作的良性发展。同时，从不同角度对学生的道德素质进行评价，能够构建一种良好的氛围，能够使学生在这种氛围和环境中去思考、感悟，升华人格、完善自我。例如，在理想信念教育有效性评价的体系下，通过在校园内开展一系列高水平、高品位的文化活动，能够营造健康向上、生动活泼的校园文化，使学生得到熏陶，在潜移默化中提高文化素质；通过积极开展具有理想信念教育特色的社会实践活动，组织学生开展相关的社会调查，能够让高职院校大学生深刻感受并积极宣传民族文化精神；通过进行理想教育、成才教育、以爱国主义为核心的民族精神教育、以改革创新为核心的时代精神教育，将校园文化建设与

创新精神、实践能力的培养相结合，使高职院校大学生在实践活动中实践创新精神、人文精神。

从此角度评价，也有利于学校教师队伍建设。从教育者的角度来说，高校教师承担着“全员育人”的职责，即包括思想政治理论课教师、专业教师，辅导员、班主任及班级导师在内的高校所有人员，都承担着教育人、培养人的责任，都应当把培养人的价值取向贯注到自己的各项工作、各个方面和全过程中去。在理想信念教育有效性评价体系下，高职院校教师能够在思想政治理论课课堂教学中、在专业教学中、在日常学习和生活的思想政治教育中以理想信念教育体系为标准进行教育活动。

第四节　有益于课程优化的维度评价

习近平总书记在2016年全国高校思想政治工作中明确提出，“各门课都要守好一段渠、种好责任田，使各类课程与思想政治理论课同向同行，形成协同效应”，从而要“把思想政治工作贯穿教育教学全过程，实现全程育人、全方位育人，努力开创我国高等教育事业发展新局面”[①]。新时代，我国社会主要矛盾已经转化为人民日益增长的美好生活需要和不平衡不充分的发展之间的矛盾。在新时代背景下，社会对高等教育提出了更高要求，希望培养能促进国家经济社会发展的德才兼备的高质量人才。

构建新时代高职院校大学生理想信念教育有效性评价体系，教师可以将“理想信念”这个思政元素极大程度地融入课程中去，将思想政治教育延展到高职院校的不同学科领域，创新高职院校思想政治教育的研究和教学思路，提高思想政治教育的针对性和实效性，使高职院校不同专业领域的课程更加具备人文情怀，有利于课程思政的实现和优化。

① 习近平：《在全国高校思想政治工作会议上的讲话》，《人民日报》2016年12月9日第1版。

基于此，高职院校在开展大学生理想信念教育有效性评价时，在课程方面应当重点考虑实践素质层面（如图 4－4）。

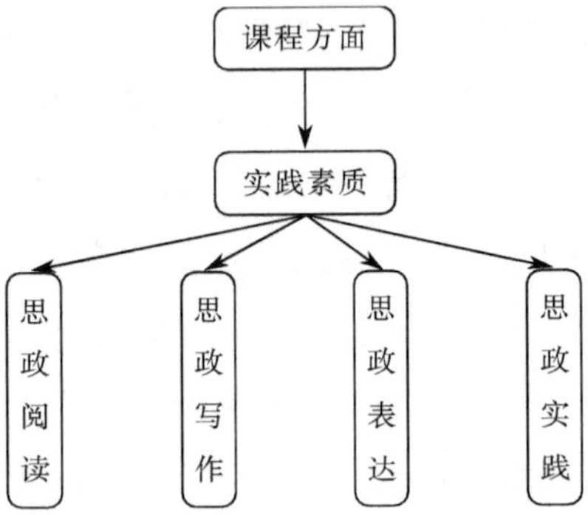

图 4–4　新时代高职院校大学生理想信念教育有效性评价(课程方面)

实践素质主要反映理想信念教育对于大学生思政阅读、思政写作、思政表达、思政实践能力形成的作用程度。在进行有效性评价时，可以从以下几个观测点进行评价：一是思政阅读，包括学生是否能够主动学习系列讲话精神、阅读政治新闻；二是思政写作，包括学生能否在所学课程的写作中融入思政；三是思政表达，包括学生能否在课堂中将所学知识融入思政；四是思政实践，包括学生能否将课堂所学的思政知识应用到其他方面。具体评价表如表 4－3 所示。

表 4－3　新时代高职院校大学生理想信念教育有效性评价表（课程方面）

目标层	准则层	主要观测点	标度（得分）				
			优秀	良好	中等	及格	不及格
实践素质	思政阅读	能够主动学习系列讲话精神、阅读政治新闻					
	思政写作	在所学课程的写作中融入思政					
	思政表达	在课堂中将所学知识融入思政					
	思政实践	将课堂所学的思政知识应用到其他方面					

因此，在新时代高职院校大学生理想信念教育有效性评价体系下，教

师除了对学生开展“两课”教学外，要更加注重“育人”职责的履行。一方面，教师要注重培养学生“爱与责任”的观念，引导学生积极、乐观地面对现实的生活，增强责任意识，树立为社会和谐发展而做出力所能及贡献的目标；要寓教育于“潜移默化”中，使学生感受到整个学校大的教育氛围和环境，让学生觉得思想政治教育无处不在。另一方面，教师要更加注重改进教学方法，激发学生积极学习和主动学习的意识。从“以教为主”转为“以导为主”，根据学生的需要来设计教学，引导学生形成正确的价值判断。同时，要拓宽实践教学的形式、渠道和内容，使学生真正在实践中长才干、受教育，从而真正优化课程，提高学生的思想觉悟和政治素质。

第五节　有益于身心健康的维度评价

大学生是双重身份的统一体。对于教育者的施教活动而言，大学生表现出客体身份的一面。在这一过程中，他是教育者观察、认识的客体，是教育者意欲通过自己的实际活动予以改变的对象，是教育者实际活动所指。在接受、实践思想政治教育内容的过程中，大学生自觉能动地以主体的视角体察教育者的实际活动及其所表达的意义，以自己的认知图式诊释、选择、内化教育者所传递的思想政治教育内容，并通过自己的实际活动来实践思想政治教育内容所具有的行为指令意义。在理想的思想政治教育活动中，大学生便是这种主体与客体的统一体。大学生思想政治教育的有效进行，就表现为大学生所应具有的客体性与主体性的统一。

但是，当代高职院校大学生富于开拓和创新精神，喜欢标新立异，往往不满足于书本上现成的结论，对别人的意见和见解常常抱有怀疑和批判的态度。这体现了当代大学生追求真理、积极探索的精神，但由于他们缺乏正反两方面的经验，对事物往往轻易地肯定或否定，好走极端，容易犯片面性和绝对化的毛病。这些不足影响了他们相应的接受力的提高，使他们对思想政治教育内容的理解、判断和选择容易产生偏差，影响了大学生思想政治教育的效果。而且，并非所有的大学生都具备有利于教育内容接受的认知图式，随着年龄的增长、教育的加强，他们的认知图式也不一定得到优化，自我教育力也不一定得到提高。

大学生在现实的学习生活中，受到越来越多的问题的困扰，诸如学生就业压力、人际关系、理想和现实、恋爱和友谊、人生意义和价值的实现等，他们需要和希望在思想政治教育中得到指导、帮助和解决。而就思想理论和现实中的一些困惑问题，也需要和希望在思想政治教育中得到满意的答案。有时甚至于他们自己适应社会生活的规范和价值体系中的问题，也渴望在思想政治教育中得到解释和解决。因而，大学生对思想政治教育存在逆反抵抗心理的同时，也渴求理想信念教育的有效性，以满足他们成长成才的需要。

基于此，高职院校在开展大学生理想信念教育有效性评价时，在个人方面应当重点考虑心理素质层面（如图 4 –5）。

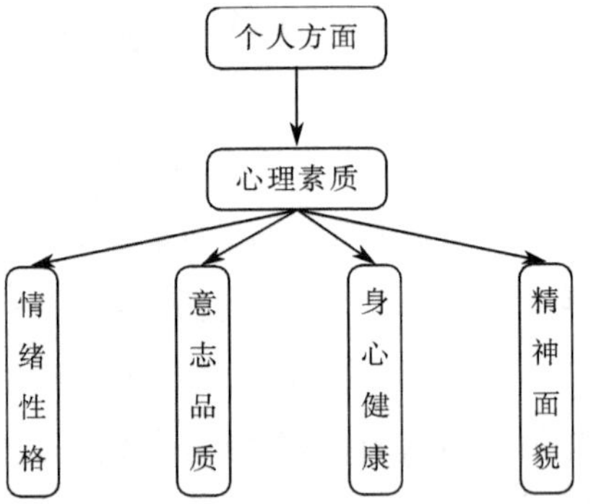

图 4–5　新时代高职院校大学生理想信念教育有效性评价(个人方面)

心理素质主要反映理想信念教育对大学生情绪性格、意志品质、身心健康、精神面貌层面的影响。在进行评价时，主要观测点可分为：一是情绪性格，包括是否能正确认识自我，是否能够敢于开展批评与自我批评，是否能够保持和谐的人际关系。二是意志品质，包括意志坚定、不怕挫折、有良好的适应能力；是否谦虚、谨慎、积极向上，富有艰苦奋斗的开拓精神。三是身心健康，包括是否为人正直、富有正义感，敢于主持公道；是否热心为同学服务，能够在他人困难的情况下提供力所能及的帮助。四是精神面貌，包括是否有积极的心态，以昂扬的热情对待生活和学习；是否有自信心；是否能够客观看待成绩，锐意进取；是否专心致志、潜心学习；是否能够激励自己、激励他人。具体评价表如表 4 – 4 所示。

表 4 –4　新时代高职院校大学生理想信念教育有效性评价表（个人方面）

目标层	准则层	主要观测点	标度（得分）				
			优秀	良好	中等	及格	不及格
心理素质	情绪性格	能正确认识自我，能够敢于开展批评与自我批评，能够保持和谐的人际关系					
	意志品质	意志坚定、不怕挫折、有良好的适应能力					
		谦虚、谨慎、积极向上，富有艰苦奋斗的开拓精神					
	身心健康	为人正直、富有正义感，敢于主持公道					
		热心为同学服务，能够在他人困难的情况下提供力所能及的帮助					
	精神面貌	有积极的心态，以昂扬的热情对待生活和学习					
		有自信心					
		能够客观看待成绩，锐意进取					
		专心致志、潜心学习					
		能够激励自己、激励他人					

理想信念教育有效性评价实质上是一个运用多种方式控制和调节受教育者思想行为的过程。在实际操作过程中，高职院校大学生则可以将评价指标体系的具体内容与自身的实际情况相对比，从而发现自身存在的问题并加以改正。例如，针对指标体系设置中是否具有良好的“情绪性格、意

志品质、身心健康、精神风貌”这一评价标准，大学生可以对自身的心理素质进行评价。事实上，对于高职院校大学生而言，如果他们的进步得到了社会与他人的认可，能够最大限度地激发他们的积极性、主动性和创造性。不合格的评估对象也将受到激励，认识到自身的不足及与优秀者的差距，进行修正，从而能够培养良好的心理素质，塑造主体意识和独立人格，发展自己的个性。同时，指标体系的设置以及权重的分配，也将有利于学生自身的思想、政治、道德、心理素质的提高，并将引导学生加强自身修养，提升自己的思想政治素质。

因此，这种有效性评价体系有利于帮助大学生正确看待当前高职院校大学生理想信念教育面临的种种挑战，认清思想政治教育的目标、内容、方法等是否合理，在多大程度上合理，在多大程度上不合理，进而优化自己的认知图式和知识准备基础，提高自己的接受力和自我教育力，从而在实践中不断增强自身的思想政治素质和科学文化素质，实现自身的全面、健康、和谐发展；有利于帮助学生养成吃苦在前、享受在后的工作态度，继承廉洁奉公的优良作风，对工作极端负责，创新工作方式，在平凡的工作岗位上提升自己的业务能力，为民办实事、做好事。特别是在急难险重任务面前勇挑重担，主动担当、敢于担当，用自身的作风带动整个部门；有助于达到自身思想意识的互动，为实现国家富强和民族振兴而发奋学习，把实现自己的人生理想和建设中国特色社会主义事业有机结合起来，在实现中华民族伟大复兴的过程中实现自己的人生理想。

第五章　新时代高职院校大学生理想信念教育创新实践

马克思提出精神需要是更高级的发展需要，是对科学的向往、对知识的渴望、他们的道德力量和他们对自己发展的不倦要求。精神需要又分为人际关系的精神需要、自我实现以及价值认同的需要和人的奉献的需要。因此，理想信念教育要充分把握“00 后”大学生每个阶段的主要需要，贴近高职院校大学生的实际需求，创新教育实践，科学引导、内外兼修、创新示范、校企共育，才会有强大的凝聚力和向心力，才能成为中华民族伟大复兴的精神支柱和精神动力。

第一节　强化“营养吸收”

针对“00 后”大学生的群体特点、成长环境以及时代发展趋势，在理想信念教育方面，只有建立在理性思考的基础之上，才是自己的真实选择，才能成为自己的旗帜方向，才不会轻易改变和动摇。

第一，要引导大学生正确理解理想的终极性和阶段性的关系，弄清楚共产主义最高理想与中国特色社会主义共同理想的关系。党的十八届六中全会审议通过的《关于新形势下党内政治生活的若干准则》开头就提出：“共产主义远大理想和中国特色社会主义共同理想，是中国共产党人的精神支柱和政治灵魂，也是保持党的团结统一的思想基础。"理想信念教育的首要问题就是准确把握远大理想和共同理想的辩证关系，通过教育引导讲清楚共产主义社会是一个什么样的社会制度，共产主义与中国特色社会主义的区别和联系是什么，坚定远大理想和立足现实奋斗的关系是什么。要使大学生深刻认识到，人类社会最终走向共产主义是马克思主义提示的历史运动规律，实现共产主义不仅是所有中国共产党人的终极目标，也是人类历史发展的必然趋势。在重大节日、重要时点、关键事件时开展理想信念教育，要充分挖掘党的红色资源，如博物馆、纪念馆、革命根据地等，都可以向青年全景展示、立体呈现教育内容，让青年在实际感受中感悟理想信念的力量。如中国共产党历史展览馆通过2600余幅图片、3500多件套文物实物，全方位、全过程、全景式、史诗般展现了中国共产党波澜壮阔的百年历程。

第二，要教育大学生深刻领会习近平新时代中国特色社会主义思想。破解一个时代的发展难题，就会形成一个时代的最新理论。以习近平同志为核心的党中央面临"四大考验"和"四大风险"，面对"两个一百年"奋斗目标的历史交汇，还有整个世界的大发展大变革大调整，从理论和实践结合上系统回答了新时代坚持和发展什么样的中国特色社会主义、怎样坚持和发展中国特色社会主义这个重大时代课题，以全新的视野深化对共产党执政规律、社会主义建设规律、人类社会发展规律的认识，取得重大理论创新成果，创立了习近平新时代中国特色社会主义思想。因此，我们的理想信念教育就要紧紧围绕增强对马克思主义的信仰、对中国特色社会主义的信念、对改革开放和社会主义现代化建设的信心、对党和政府的信任等重大问题开展。信仰公开课就是结合青年大学生的时代特征，通过让有信仰的人讲信仰，找准思想引领的切入点和着力点，让理想信念教育的主体、载体、内容都更加鲜活生动起来。

第三，要科学阐释国家、集体与个人的关系，正确认识和处理自我价值与社会价值。为了实现党的理想和目标，大学生必须清楚党和人民的利益高于一切。然而，大学生不是"苦行僧"，同样希望个人才能得到发展，个人兴趣得到满足，家庭生活得到幸福。如何正确认识和处理国家、集体与个人的关系，自我价值和社会价值的关系，是每一个学生，特别是具有强烈自我意识并渴望成才的学生无法回避的现实问题，也是开展理想信念教育必须解决的重要问题。中国共产党在一百年的非凡奋斗历程中，涌现出了一大批视死如归的革命烈士、一大批顽强奋斗的英雄人物、一大批忘我奉献的先进模范，他们面对个人利益与集体、国家利益发生矛盾时，在不放弃个人利益便不能维护集体、国家利益时，自觉维护集体利益、坚持服从国家利益，始终坚持为人民谋幸福、为中华民族谋复兴，形成了井冈山精神、长征精神、延安精神、抗美援朝精神、红旗渠精神、“两弹一星”精神、雷锋精神、焦裕禄精神、塞罕坝精神、女排精神、抗疫精神等，构筑了中国共产党人的精神谱系，这种精神指引可以引导青年学生把树立远大理想和脚踏实地统一起来、把个人需要与社会发展统一起来，对个人成长和国家发展都至关重要。

表 5-1 中国共产党人精神的主要内涵

中国共产党人精神	主要内涵
红船精神	开天辟地、敢为人先的首创精神，坚定理想、百折不挠的奋斗精神，立党为公、忠诚为民的奉献精神
井冈山精神	坚定不移的革命信念，坚持党的绝对领导，密切联系人民群众的思想作风，一切从实际出发的思想路线，艰苦奋斗的作风
长征精神	把全国人民和中华民族的根本利益看得高于一切，坚定革命的理想和信念，坚信正义事业必然胜利的精神；为了救国救民，不怕任何艰难险阻，不惜付出一切的牺牲精神；坚持独立自主、实事求是，一切从实际出发的精神；顾全大局、严守纪律、紧密团结的精神；紧紧依靠人民群众，同人民群众生死相依、患难与共、艰苦奋斗的精神
延安精神	实事求是、理论联系实际的精神，全心全意为人民服务的精神和自力更生艰苦奋斗的精神
抗战精神	天下兴亡、匹夫有责的爱国情怀；视死如归、宁死不屈的民族气节；不畏强暴、血战到底的英雄气概；百折不挠、坚韧不拔的必胜信念

续表

中国共产党人精神	主要内涵
红岩精神	刚柔相济、锲而不舍的政治智慧；"出淤泥不染，同流不合污"的政治品格；以诚相待、团结多数的宽广胸怀；善处逆境、宁难不苟的英雄气概
太行精神	勇敢顽强、不畏艰难的革命英雄主义精神；在极其艰苦的条件下展现的百折不挠、艰苦奋斗的精神；是为人民利益展现的勇于牺牲、乐于奉献的精神
西柏坡精神	为了人民、依靠人民的公仆精神；敢于斗争、敢于胜利的进取精神；政治协商、团结合作的民主精神；立规严纪、集中统一的看齐精神；谦虚谨慎、艰苦奋斗的赶考精神
抗美援朝精神	祖国和人民的利益高于一切、为了祖国和民族的尊严而奋不顾身的爱国主义精神；英勇顽强、舍生忘死的革命英雄主义精神；不畏艰难困苦、始终保持高昂士气的革命乐观主义精神；为完成祖国和人民赋予的使命、慷慨奉献自己一切的革命忠诚精神；为了人类和平与正义事业而奋斗的国际主义精神
红旗渠精神	自力更生、艰苦创业、团结协作、无私奉献
大庆精神	为国争光、为民族争气的爱国主义精神；独立自主、自力更生的艰苦创业精神；讲究科学、"三老四严"的求实精神；胸怀全局、为国分忧的奉献精神
"两弹一星"精神	热爱祖国、无私奉献，自力更生、艰苦奋斗，大力协同、勇于登攀
雷锋精神	热爱党、热爱祖国、热爱社会主义的崇高理想和坚定信念；服务人民、助人为乐的奉献精神；干一行爱一行、专一行精一行的敬业精神；锐意进取、自强不息的创新精神；艰苦奋斗、勤俭节约的创业精神
焦裕禄精神	亲民爱民、艰苦奋斗、科学求实、迎难而上、无私奉献
改革开放精神	解放思想、实事求是；敢闯敢试、勇于创新；互利合作、命运与共
特区精神	敢闯敢试、敢为天下先的改革精神；海纳百川、兼容并蓄的开放精神；追求卓越、崇尚成功、宽容失败的创新精神；"时间就是金钱、效率就是生命""空谈误国、实干兴邦"的创业精神；不畏艰险、敢于牺牲的拼搏精神；团结互助、扶贫济困的关爱精神；顾全大局、对国家和人民高度负责的奉献精神

续表

中国共产党人精神	主要内涵
抗震救灾精神	自强不息、顽强拼搏；万众一心、同舟共济；自力更生、艰苦奋斗
载人航天精神	热爱祖国、为国争光的坚定信念；勇于登攀、敢于超越的进取意识；科学求实、严肃认真的工作作风；同舟共济、团结协作的大局观念；淡泊名利、默默奉献的崇高品质
科学家精神	胸怀祖国、服务人民的爱国精神；勇攀高峰、敢为人先的创新精神；追求真理、严谨治学的求实精神；淡泊名利、潜心研究的奉献精神；集智攻关、团结协作的协同精神；甘为人梯、奖掖后学的育人精神
塞罕坝精神	艰苦创业，科学求实，无私奉献，开拓创新，爱岗敬业
劳模精神	“爱岗敬业、争创一流、艰苦奋斗、勇于创新、淡泊名利、甘于奉献”的劳动模范的精神
工匠精神	执着专注，精益求精，一丝不苟，追求卓越
女排精神	扎扎实实，勤学苦练，无所畏惧，顽强拼搏，同甘共苦，团结战斗，刻苦钻研，勇攀高峰
抗疫精神	万众一心、同舟共济的守望相助精神；闻令而动、雷厉风行的英勇战斗精神；顾全大局、壮士断腕的“一盘棋”精神；舍生忘死、逆行而上的英雄主义精神；充满信心、敢于胜利的积极乐观精神
脱贫攻坚精神	上下同心、尽锐出战、精准务实、开拓创新、攻坚克难、不负人民
伟大建党精神	坚持真理、坚守理想；践行初心、担当使命；不怕牺牲、英勇斗争；对党忠诚、不负人民

第二节　注重“内外兼修”

从实践到理论、再到实践的循环往复，是马克思主义认识论的基本原理。用科学理论武装头脑，为正确认识现实提供了必要基础，但也要在理论与实践的密切结合中感悟理论、检验理论，增进理论认同。“要认真学习马克思主义经典著作、中国特色社会主义最新理论成果，教育引导学生学会运用科学的理论和立场、观点、方法观察现实，分析、解决问题，让学生把握时代发展大势，感悟马克思主义的真理力量，培养一批又一批坚定的青年马克思主义者。”①

一、做坚定的青年马克思主义者

理想信念是个体奋斗的动力和方向，不能可有可无，不能随意裁量。我们党是用马克思主义武装起来的政党，马克思主义理论素养是新时代大学生素质的核心和灵魂。积极开展学习“四史”“使命在肩、抗疫有我”“永远跟党走”等主题教育活动，使大学生掌握科学的立场、观点和方法，用习近平新时代中国特色社会主义思想武装头脑。广泛开展、长期坚持体验式实践活动，比如观看党史、新中国史、改革开放史和社会主义发展史专题片，走访慰问革命前辈、参观革命遗址等，让大学生设身处地思考理想，鼓励大学生撰写心得体会。提升抵制各种错误思潮的能力，站稳政治立场，培养一批坚定的青年马克思主义者。北京财贸职业学院通过丰富多彩的校园文化活动，以广大同学喜闻乐见的形式，将思想引领融入日常工作中，推进理想信念教育的全覆盖。在每年“一二·九”期间，紧紧围绕弘扬爱国主义精神和社会主义核心价值观举行一系列活动，引导青年继承光荣传统，坚定理想信念，树立家国情怀，增强历史使命感和社会责任感。在“勇立潮头之歌”合唱比赛中，用嘹亮歌声唱响爱国主义情怀；在“重温红色之路”环校园跑中，用奋勇争先、奋力冲刺表达对祖国的浓浓深情；在“回望荣光岁月”知识竞赛中，增强青年的历史责任感。通过这些主题活动，全校广大青年学子，缅怀革命先烈，铭记历史进步，进一步弘扬爱国精神，坚定为实现中国

① 武雪周：《习近平总书记高校工作重要论述研究》，《科学社会主义》2018 年第 6 期。

梦不懈奋斗的理想信念。

二、做社会主义核心价值观的践行者

社会主义核心价值观是全社会共同认可的价值观念，是一个民族、一个国家最持久、最深层的力量。大学生理应成为践行社会主义核心价值观的先行者、排头兵。组织学生开展基层调研、社会调查、参观访问，充分挖掘和利用“社会大课堂”，组织学生开展“青年服务国家”社会实践活动，促进大学生了解国情社情，在中国发展的巨大成就中增进对马克思主义科学真理的认同，在清醒认知各种困难和挑战中增强使命感责任感，培育爱国主义情怀，树立坚定的理想信念。要结合大学生的专业特长和兴趣意愿，引导学生广泛参与志愿服务、公益活动、勤工助学、贫困山区义务支教等社会实践活动，在实践中受教育、长才干、做贡献，践行理想信念。要让大学生深刻认识到，自己不是旁观者，要坚定不移做中国特色社会主义道路的开拓者、践行者和推动者。

北京财贸职业学院的青年学生从 2015 年起，坚持每年将北京爱心人士捐赠的衣物（冬装），一件件做好登记、分类、打包和邮寄，送往祖国各地。几年间，他们的足迹遍布河南、河北、山西和内蒙古四省，长途跋涉 6100 余公里，将近 3000 件冬衣送到贫困村民手中。

2020 年，在脱贫攻坚决战决胜之年，北京财贸职业学院青年学生又开启了“教育支教”之路，在河北省保定市贫困县对口支援职业教育，35 位学生在当地职业学校服务 35 天，在带队教授的指导下，开展教学辅助、课后辅导、班级管理、主题活动等。赵新雨同学利用自己影视多媒体制作的专业优势，记录了当地在脱贫攻坚中教育的新变化。穆昊龙同学利用自己国旗班队员的经历，指导建立起学校的第一支国旗班。

北京财贸职业学院学生韩明辉因为学校地处京杭大运河的河畔，从上大学起，就一直有着保护大运河、传承运河文化的想法。2014 年，在京杭大运河申遗成功时，他从天安门出发，踏上了骑行运河河畔的征程，并拍摄了微纪录片《消失的北运河》，用自己的实际行动践行社会主义核心价值观。

三、做"中国故事"的续写者

"以史为镜，可以知兴衰"，作为一名新时代的大学生，更应牢记党史、新中国史、改革开放史和社会主义发展史。"00后"没有体验过民族生死存亡的苦难，没有感受过血与火的考验，没有经历过艰难岁月的历练。最可怕的敌人，就是没有坚强的信念。因此，青年学生更加需要从国家历史、现实成就、国际比较中汲取真理和道义的力量，要开展生动、系统的"四史"教育，读一读近代史、革命史，就能从历史逻辑中发现中国共产党和社会主义中国源自"历史的选择、人民的选择"；看一看各地翻天覆地的变化，就能从现实逻辑中把脉中国梦的大势所趋、人民对美好生活的热切所期；对比观察"中国之治"和"西方之乱"，就能从国际视野中汲取更多众志成城、矢志复兴的力量……

在校园活动中，开展革命话剧、爱国情景剧等展演活动，让大学生"身临其境"体验快乐欣喜、痛苦煎熬等情感，提升大学生的党性修养和理论水平，形成人人参与教育、人人接受教育的合力，自觉承担起建设中国的历史重任，续写"中国故事"，创造"中国奇迹"。北京财贸职业学院大学生艺术团在普及艺术知识和技能、提高学生艺术鉴赏力的同时，紧紧抓住美育的教育功能，用红色文化艺术加强理想信念教育、厚植爱国主义情怀。艺术团定期组织"传统文化进校园""高雅艺术进校园"等活动，组织全校师生观看话剧《江姐》、现代京剧《党的女儿》、歌剧《长征》等，让红色艺术资源成为校园里坚定理想信念的生动教材。同时，艺术团原创话剧《潘序伦》，用校史红色资源倡导呈现文化，引领青年叙述传承大师精神；原创舞台剧《运河商道》，用"守"家族传统、"改"经营理念、"创"开放思路，塑造展现"京商精神"，也让青年感受到只有在一个强大基础的国家里，才能更好地发挥出个人的才能。同时，艺术团利用重大节日和纪念日开展爱国主义教育。2019 年，艺术团在新中国成立 70 周年之际用《今天是你的生日》和《再一次出发》向祖国唱出心中的赞歌；2020 年，在抗击疫情中，艺术团光影传情，制作原创视频《亿心战“疫”》，用歌声感谢奋战在疫情防控一线的“逆行者”，表达心中祈愿“华夏永安”；2021 年，中国共产党成立 100 周年，艺术团唱出“青心向党”的深情。

第三节　彰显“榜样力量”

榜样的力量是无穷的。通过优秀校友的生动事迹，引领青年人的思想成长，坚定当代大学生的理想信念，号召他们以更加昂扬的斗志迎接各种挑战，将来投身到新时代中国特色社会主义事业建设中去。

第一，革命先烈的榜样力量。对党忠诚，是中国共产党人首要的政治品质；不负人民，是中国共产党人的高尚情怀。百年党史，就是一部践行党的初心使命的历史，革命先辈李大钊、刘胡兰、黄继光等不怕牺牲、英勇斗争的精神，让人肃然起敬。面对敌人的酷刑，江竹筠烈士始终坚贞不屈、永不叛党。方志敏烈士在狱中写道：“敌人只能砍下我们的头颅，绝不能动摇我们的信仰！因为我们信仰的主义，乃是宇宙的真理！”在全面建设社会主义现代化国家的新征程中，面对前所未有的挑战和艰巨繁重的任务，坚持真理、坚守理想仍是强大的精神动力。

第二，现代英雄的榜样力量。践行初心，就不会迷失方向；担当使命，就会有强大的奋斗动力。不怕牺牲、英勇斗争贯穿于革命、建设、改革各个时期。这种精神不仅书写在“平均每 300 米就有一名红军牺牲”的长征路上，而且展现在“宁可少活二十年，拼命也要拿下大油田”的新中国建设者身上，更闪耀在新时代 1800 多名将生命献给脱贫攻坚的基层扶贫干部身上。2021 年，党中央首次颁授“七一勋章”，勋章获得者，有把生命奉献给脱贫攻坚的基层干部，有 80 多岁高龄仍带着心脏起搏器在高原开展科研工作的医学工作者，有帮助1800多名贫困山区女孩圆梦大学的教育工作者……他们是传承伟大建党精神的典范。中国科学院院士钱临照申请入党时已经年过七十，他在入党申请书上写道：“我年龄确实大了些，但有生之年还想在党的领导下，接受党的教育，能为人民做些事。为人民尽忠是不限年龄的。”

第三，优秀校友的榜样力量。将理想信念内化于心、外化于行，是我们奋斗新征程、奋进新时代的强大动力。北京财贸职业学院2005届会计专业优秀毕业生王志民，励志新闻人物：从大学生村官到银行行长，中国邮储天通北苑支行行长；2010届毕业生刘佳豪，80后电商企业家，创办北京豪玥科技有限公司，公司成为估值六亿的“O2O”领域领军企业；2007届毕业生魏欣，走向世界的优秀学子，新西兰国立中部理工学院国际部中国关系主任；2013届毕业生刁宇尊，首届北京市优秀创业团队负责人，创办北京利见达人文化有限公司，2018年挂牌新四板。

通过榜样的力量号召新时代高职院校大学生为坚守理想信念积极行动起来，从建党精神中汲取奋进力量，不断让内心与基层工作紧密相连，坚持从“心”开始，赓续建党精神。新时代高职院校大学生要秉承革命先烈追求共产主义的情怀，为国家和人民奉献一切的坚毅决心，做到初心不改、矢志不渝、艰苦奋斗。

第四节　凸显“渠道创新”

“00后”大学生成长于新媒体时代，网络、手机等已成为大学生日常生活不可或缺的部分，如果我们的教育不能顺应“互联网+”的时代发展趋势，密切关注当代大学生的成长环境，创新教育方式方法，教育效果就会非常有限。因此，“创新大学生党员理想信念教育的内容和形式，把好大学生党员大脑信息通道的‘入口关’，是有效进行大学生党员理想信念教育的一个新的课题。”①

首先，动态学习。要主动顺应时代发展潮流，全面把握新媒体所具有的传播主体多元、信息庞杂、实时交互、使用便捷等特点，更多运用网络平台，更好通过QQ、微信、微博、手机App等方式在线开展理想信念教育，线上新媒体矩阵与线下思想教育活动同频共振，实现“线上线下”“处处能学”“时时可学”的动态学习环境。青年大学习是共青团中央为把组织引导广大青年深入学习宣传贯彻习近平新时代中国特色社会主义思想和党的十九大精神持续引向深入而组织的青年学习行动，在青年学生中构建“导学、讲学、研学、比学、践学、督学”六位一体的学习体系，采取多种形式推动党的创新理论深入人心。比如充分利用“团干部直接联系青年”的工作制度，发动团干部到基层团支部和“青年之家”等场所，面向团员青年广泛开展小规模、互动式、有特色、接地气的面对面宣讲交流；或者在关键时间点，组织专家学者、重要代表、青年典型等成立宣讲团，走进校园、企业、军营等青年密集的场所，集中开展宣讲交流活动；又或者通过举办网上知识竞赛、征文比赛、演讲比赛等活动，积极运用手机App、H5、小程序、网上直播等载体，采用“答题闯关”等生动活泼的方式，组织广大青年积极参与到学习活动之中。2018年8月，团中央正式启动“青年大学习”网上主题团课，采用青年中流行的短视频、互动答题、清新手绘、生活化解读、网红范儿拍摄、青春靓丽的团团“小哥哥”“小姐姐”等网络上流行的传播元素，解读习近平新时代中国特色社会主义思想，许多公开性的文件精神通过网络全面快速传递到每个青年中。青年人不喜欢枯燥的说教，那就用互动短视频的方式讲，让他们的同龄人来讲；青年人听不懂艰涩的政治概念，那就作出与他们的知识结构和生活经验相匹配的阐释；青年人认为“国家大事”离自己太远，那就举例说明宏大的国家战略如何在微观层面影响普通人的生活，而个体的选择与奋斗又是怎

① 王莲华：《创新大学生党员理想信念教育的途径与方法——基于对全国18所高校的调查分析》，《国家教育行政学院学报》2012年第9期。

样有力地改变着国家的面貌。实践证明，这种转化得到了团员青年的欢迎。"我居然有一天能讲清楚'总体布局'和'战略布局'的区别，说出来我自己都不信""同龄人经常说迷茫，找不到人生的方向，其实总书记说得再清楚不过了，民族奋斗的方向就是我们奋斗的方向""我们寝室每周一晚上一起学团课，特有仪式感，请团中央不要断更"……每一期网上团课推出后，团中央的微信后台都会收到这样的留言。做好"转化"工作，就是要让青少年从不喜欢到喜欢，从不理解到理解，从不关心到关心，进而达到入耳入脑入心的效果。

其次，"鲜活"理论。新时代青年接收信息的方式、习惯、特点都发生了新的变化，要通过文字、动画、图片、音视频等丰富手段，运用大学生群体喜爱的鲜活语言，让各种内容"活"起来，用"微"文化宣传正能量，"微"视频树立青年榜样，有助于学生接受与吸收，增强教育的趣味性和感染力，提高大学生"吸粉引关"的能力。作为国内领先的年轻人文化社区，"B站"于2011年2月推出网络贺岁视频"拜年纪"，正在成为Z世代（指在1995年至2009年间出生的人）的专属贺岁狂欢。2020年，"拜年纪"特别推出5分钟原创动画《我的祖国》，通过一对平凡的兄妹视角，展现新中国成立70年来取得的伟大成就，同时展现了每一个普通的中国人民参与到祖国的建设中来的故事，体现了平凡铸就伟大、英雄来自人民的精神，更是呈现出年轻人对祖国的赤诚感情。仅2020年"拜年纪"直播观看峰值超过一亿人次，回看人数超过五千万。十年间，"拜年纪"用年轻人更熟悉擅长的动漫、弹幕、音乐、游戏、语言等，创作出了很多现象级作品，如描述中华历史上巾帼英雄、女中豪杰的《万古生香》，讲述三国纷争的《权御天下》，等等，以年轻人的审美趣味和符合他们审美趣味的技术所精心制作的主旋律内容，走入年轻人的心头，打动年轻人的心。

最后，守好阵地。2014年，习近平总书记在北京大学师生座谈会上的讲话中指出，青年的价值取向决定了未来整个社会的价值取向，而青年又处在价值观形成和确立的时期，抓好这一时期的价值观养成十分重要。理想信念教育要把握好时、度、效，借助新媒体的独特优势，及时捕捉热点、回应关切、抢占先机，严格审核把关，确保信息的准确性、权威性、导向性，下大功夫创造出一些通俗易懂、大众化的宣传素材，让理想信念占领并守好网络新阵地，引领新时代大学生的思想，并真正做到内化于心、外化于行。

第五节　深耕“校企共育”

高职院校大学生要将其理想信念教育延伸到企业顶岗实习阶段、就业阶段，才能实现对高职青年群体理想信念教育的“全过程、不断线”。在校企合作的模式下，高职院校大学生既能接触外界的人、事、物，在思想上能够得到专职人员及时的疏导，又能与真正了解学生的企业导师交流。高职院校大学生在入职前会进行岗前培训，而岗前培训的内容应该包括正确的理想信念的内容。同时，应该向高职院校大学生派发员工小手册并进行理想信念的教学，从企业的角度、从实践的角度来引导高职院校大学生树立正确的党员理想信念，为企业奋斗的同时也在为共同理想的实现付出一份力量。

首先，三导师共同育人，多维度共同考核。以北京财贸职业学院与北京朝批商贸股份有限公司“校企共育”为例，作为学校长期开展校企合作的伙伴、重要的实习实训基地，北京朝批商贸股份有限公司从2006年开始从学校招收实习学生。从2012年起，学校与北京朝批商贸股份有限公司依托校企团组织共建“试验田”，开展了以“校企共建、工学结合、育人同行、服务发展”为主题的校企协同育人模式，组成了由思想政治辅导员、企业导师、专业教师“三师”团队，构建了思想政治教育“微阵地”。“微推送”：推送时事政治和党团新闻，“微辅导”：进行安全教育和心理健康教育，“微宣传”：开展先进个人和顶岗实习优秀“准员工”事迹宣传，“微互动”：三师指导和校友帮扶，“微调查”：搜集思想动态和青年需求，

“微活动”：发起线上特色活动，“微考核”：利用在线考核进行思想状况和工作态度评价。

其次，弘扬工匠精神、培养大国工匠。工匠精神的核心在于实践，即通过在教学中引入企业项目，让学生在真实工作环境中去感悟、体会工匠精神的内涵。而校企合作也是职业院校人才培养的重要途径之一。北京财贸职业学院“艺树设计工作室”利用校企育人大舞台上，实现企业用人与学生个人成长双满意。“艺树设计工作室”成立于2015年，也是学校影视多媒体技术专业教师指导下组建的一个学生社团。工作室为影视相关专业学生提供创业孵化平台和校内真实工作任务实训平台，在对照岗位职责主动学习岗位匹配的相关专业知识的同时，2021年工作室开展了贵州支教。在那里，学生们在实践的同时，感受国家脱贫攻坚的成果。

最后，校企协同严把关成绩斐然。校企合作模式对高职院校大学生党员理想信念的培育影响有好有坏，这需要校方进行把握，学生进行判断。为了保证校企合作模式下对高职院校大学生党员理想信念教育的质量，应该事先准备，比如对即将进行合作的企业进行调查和筛选，选择责任心强和企业文化好的企业作为学校的合作伙伴。这样做就能从源头保证企业对学生进行的理想信念教育是积极和正向的，教育学生要有正确的人生目标和职业理想，即要教育学生为社会奉献自己力量的无私理念，为共产主义事业努力奋斗。

后　　记

本书是北京财贸职业学院重点课题："双新"背景下高职大学生理想信念教育研究（项目编号：CZYB202007）的最终研究成果。

中国特色社会主义进入新时代，实现中华民族伟大复兴中国梦的宏伟目标需要青年大学生，而"00"后已成为新时代大学生的主体。在这个"双新"背景下，以习近平新时代中国特色社会主义思想为指导，培养理想坚定、信念执着的"00后"高职院校大学生，是本课题研究的突破与创新。本书分析了新时代高职院校大学生特点及教育现状，建立了理想信念教育有效评价标准，总结、凝练了习近平总书记关于高等教育的重要论述、关于青年教育的重要论述，搭建了高职院校大学生理想信念教育的科学框架，丰富了新时代大学生理想信念教育理论。

在课题研究过程中，笔者单位领导和笔者的导师对课题研究、书稿撰写都给予了细心指导、精心指点。在此，笔者要向各位专家、导师深深致谢。同时，笔者要感谢研究团队的每一位成员：李宏芳，北京财贸职业学院马克思主义学院副教授，从事大学生思想政治教育，先后获得北京市优秀辅导员、北京市德育工作者等荣誉称号，主持或参与国家级、省级、校级课题15项。武少侠，北京财贸职业学院团委书记，参与全国学校共青团研究重点课题"新时代援藏青年大学生社会责任意识及其培养研究""高职院校廉洁文化建设路径研究"等课题十几项，多次获得北京市"先锋杯"优秀团干部、"挑战杯"创新创业竞赛全国一等奖指导教师等荣誉称号。张莉，北京财贸职业学院党委组织部干部，为北京市通州区国土资源局、通州区工商局、东城区地税局、东城区城市管理综合行政执法监察局等多家机关事业单位进行项目咨询、课题研究、辅导训练和课程讲授等多项服务。胡鑫雨、孙茂盛，北京财贸职业学院金融学院辅导员，从事高职院校大学生思想政治教育一线工作，积累了丰富的管理经验和实践基础，获得多项国家及省部级荣誉。研究团队成员为本课题的顺利完成付出了很多心血。

由于个人能力和研究水平有限，本书可能存在疏漏和不足，恳请广大读者给予批评指正。

图书在版编目（CIP）数据

“双新”背景下高职院校大学生理想信念教育研究 / 武雪周著. -- 湘潭 : 湘潭大学出版社, 2022.1
ISBN 978-7-5687-0686-5

Ⅰ. ①双… Ⅱ. ①武… Ⅲ. ①大学生－思想政治教育－教学研究－高等职业教育 Ⅳ. ①G641

中国版本图书馆 CIP 数据核字（2021）第 262346 号

“双新”背景下高职院校大学生理想信念教育研究

“SHUANG XIN” BEIJING XIA GAOZHI YUANXIAO DAXUESHENG LIXIANG XINNIAN JIAOYU YANJIU

武雪周 著

责任编辑：李志红
封面设计：李　平
出版发行：湘潭大学出版社
社　　址：湖南省湘潭大学工程训练大楼
电　　话：0731-58298960 0731-58298966（传真）
邮　　编：411105
网　　址：http://press.xtu.edu.cn/
印　　刷：广东虎彩云印刷有限公司
经　　销：湖南省新华书店
开　　本：710 mm×1000 mm 1/16
印　　张：8.5
字　　数：139 千字
版　　次：2022 年 1 月第 1 版
印　　次：2022 年 1 月第 1 次印刷
书　　号：ISBN 978-7-5687-0686-5
定　　价：39.00 元